중국의 언어와 문학

김정필 · 안승웅 공저

신아사

목차

제1부 중국 어학

제2부 중국 문학

들어가며

1

우리나라에서 외국어 학습은 대개 유치원이나 초등학교에서 영어나 한자, 제2외국어를 접하는 경우가 있으나, 정작 전공지식으로 언어학과 문학을 배우는 시기는 대학에서부터 시작한다고 할 수 있다. 물론 최근에는 영어나 제2외국어 또한 인터넷을 통한 매체학습이 가능하고, 취업이 중시되고 있는 한국의 대학 현실에서 전문적인 학문영역이 교과과정에 반영되지 못한다는 지적도 있다. 하지만, 여전히 외국에 관한 전문지식을 습득하기 위해서는 대학에서 관련 전공을 학습하는 것이 효과적이며, 다만 어떠한 전문지식의 학습도 어문학 지식을 기반으로 시작하게 된다는 점이다. 따라서 중국에 대한 전문지식을 쌓으려면, 당연히 중국어문학에 대한 학습에서 시작되어야 한다. 이것은 비록 지향하는 목표가 다른 다양한 중국과 관련된 학과에서도 중국어문학에 관련된 과목이 존재한다는 점에서 증명되고 있다. 우리가 중국을 언급하면 떠오르는 중어중문학과는 그 이름에서 보는 것처럼 중국 어학과 중국 문학을 전문으로 하는 과목들이 여타 관련 학과보다는 더 많이 편재되어 있다는 점이 다를 뿐, 여전히 중국 전문가가 되기 위해서는 중국어문학에 관한 지식이 기반이 되어야 한다.

대부분의 교과과정에서 특정 학문 분야의 기초지식을 학습하는 교재는 대개 '○○○입문(入门)'이나 '○○○개론(概论)' 등의 명칭을 사용하는 경우가 많은데, 다양한 분야를 한꺼번에 섭렵하기 때문에 전공보다 더 많은 용어나 개념을 접하게 된다. 심지어 대학에서 전공교과목으로 개설되지 않은 분야도 소개되기 때문에, 정작 전공보다 더 많은 전문용어나 개념에 대한 이해가 필요할 수도 있다. 따라서 본문에서는 먼저 크게 '어학(语学)'과 '문학(文学)'의 두 가지 범주로 나누고, 각 범주에 존재하는 여러 분야의 특징을 중국 역사의 흐름과 연계하여 정리해 나가고자 한다.

중국어학과 중국문학을 조합한 개념의 중국어문학은 크게 어학과 문학 자체의 발전 과정을 통해 중국어문학에서 학습해야 할 범위를 설정한다. 첫째 중국어학에서는 중국어가 어떻게 발전되어 왔으며, 어떠한 분야들로 나누어 연구되고 있었는지 살펴본다. 둘째 중국문학에서는 고대부터 지금까지 어떠한 문학 작품들이 있었으며, 또 어떻게 분류되고, 어떤 평가를 받고 있는지를 살펴본다.

2

따라서 중국어학과 중국문학을 이해하기 위한 기초작업으로, 중국역사의 발전과정과 중국어문학의 발전과정을 대비시켜 고찰해 보고자 한다. 우선 중국의 역사분류는 대개 고대(古代), 근대(近代), 현대(现代), 당대(当代) 등으로 구분하고 있으며,

또 그 내부에는 각각의 왕조를 중심으로 한 조대별(朝代别) 역사를 이해하여야 한다. 중국의 역사는 서양처럼 중세(中世)가 없이 청대(清代)까지의 긴 역사가 고대(古代史)에 포함되는데, 그 흐름은 다음과 같다.

선사시대 – 황하·장강문명 - 신화(神话)시기(三皇五帝) ⇒ 하(夏), 상(商/은殷), 주(周:西周, 东周), 춘추전국(春秋战国) - 선진(先秦)시기 ⇒ 진(秦), 한(汉:西汉, 新, 东汉), 위진남북조(魏晋南北朝), 수(随), 당(唐) - 오대십국(五代十国), 송(宋:北宋, 南宋), 요(辽) - 원(元), 명(明), 청(清) - 고대(古代) ⇒ 근대(近代) ⇒ 중화민국(中华民国), 중화인민공화국(中华人民共和国) - 현대(现代) ⇒ 당대(当代)

먼저 중국의 역사분류에 근거하여 중국어학의 시대적 흐름을 살펴보면, 우선 선진(先秦)시기에서 진한(秦汉)시기까지는 문자학(文字学)과 훈고학(训古学)이 주류를 이룬다. 이후 불교가 유입된 위진남북조(魏晋南北朝)시대부터는 성운학(声韵学)이 시작되어 당·송대(唐·宋代)까지 다양한 운서(韵书)들이 나타났다. 원대(元代)에서 명·청(明·清)시대에 이르기까지는 성운학과 더불어 허사(虛词)연구를 통한 어법학(语法学)이 대두되었으며, 특히 청대(清代)에는 이전의 저서와 연구 성과를 고찰하는 고음학(古音学)과 고증학(考证学)이 유행하였다. 현대적 의미의 중국어학은 서양어법이론을 접목한 ≪마씨문통(马氏文通)≫(1898)을 시작으로 체계적인 어법학 저작이 나타나면서 본격적인 언어학 연구가 시작된다.

다음으로 중국문학의 발전 과정은 크게 고대(古代)문학과 현대(现代)문학, 그리고 당대(当代)문학으로 크게 삼분할 수 있으며, 근대를 추가하여 4개의 역사시대로 분류하기도 한다. 특히 중국 문학은 각 장르를 구성하는 시(诗), 사(词), 부(赋), 곡(曲), 산문(散文), 소설(小说) 등이 대략 시대의 흐름과 함께 발전해 왔다는 점이 중국 문학의 특징이라고 할 수 있다. 즉 고대문학은 문학의 시초라고 할 수 있는 시경(诗经)과 초사(楚辞)에서부터 악부민가(乐府民歌)를 필두로 한부(汉赋)가 나타났으며, 중국문화의 고조기라 할 수 있는 당대(唐代)에는 시(诗)가 장르의 주류를 이루면서 당시(唐诗)의 시대가 도래하였다. 다시 송대(宋代)에는 점차 글자 수가 많아지는 사(词)라는 장르가 나타나 송사(宋词)의 시대가 되었으며, 명대(明代)와 청대(清代)에는 어느 장르보다 소설(小说)이 유행하여 '명청소설(明清小说)'이라는 이름의 교과목으로도 개설되고 있다. 이후 현대문학은 앞에서 언급했던 시(诗)나 사(词) 등도 있지만, 대표적으로 산문(散文)과 소설(小说)이 주류를 이루고 있으며, 고전과 현대를 결합한 작품들도 나타났다.

3

현재 한국의 대학에 존재하는 어문학과는 학부제를 거치면서 교육과정이 축소되었고, 특히 취업 중심의 교육정책으로 인하여 많은 전공이 실용위주의 교과목으로 개편되었다. 물론

이 과정에서 전통 어문학 중심의 중어중문학과 또한 학부제 이전의 문학전공에서는 고전문학의 시초라 할 수 있는 시경(诗经)과 초사(楚辞), 그리고 위진남북조의 문인시(文人诗)나 한부(汉赋)에서 당시(唐诗)에 이르기까지 각 고전문학의 장르가 따로 편재되어 있었으나, 현재는 '고대시가(古代诗歌)' 혹은 '역대산문(历代散文)' 등의 과목으로 병합된 곳이 많다. 또 서경(书经) 춘추(春秋) 등의 역사산문(历史散文)이나 논어(论语) 맹자(孟子), 노자(老子), 대학(大学) 등의 철리산문(哲理散文) 등도 '제자백가(诸子百家)'라는 과목으로 존재했으나, 지금은 '역대산문선(历代散文选)'으로 일부만 채록, 편집하여 강의하는 곳이 많다. 다만, 중국의 장르론에서 상당한 부분을 차지하고 있는 당시(唐诗), 송사(宋词), 명청소설(明清小说) 등은 여전히 개별 교과목으로 편재된 곳이 많으나, 이 또한 고대소설이나 현대소설 등으로 병합되어 가고 있다. 언어학 관련 과목은 더욱 열악하여 어법학을 제외하고는 어음학, 문자학 등이 비교적 세부적인 과목으로 편제된 곳을 보기 어려우며, 의미론이나 화용론 등은 거의 찾아볼 수 없다. 이처럼 현재 우리나라 대학의 중어중문학과에서도 중국어학 및 문학, 그리고 문화 등에 대해서 보다 심오한 학습을 하기는 어려우며, 중국문학 또한 전공 중에 학습하게 되는 시(诗)나 소설(小说) 정도를 제외하고는 '개론'이나 '입문' 등의 과목을 통해 중국어문학 전반을 이해해야 할 것으로 보인다.

4

본문의 제1부에서 다루고자 하는 중국어학은 크게 고대 언어학에서 현대 언어학에 이르기까지의 과정을 분야별로 나누어 시대별 특징과 분야를 연계해서 살펴본다. 먼저 고대어학에서는 문자학(文字学), 훈고학(训古学), 성운학(声韵学) 등 생소한 학문용어로부터 출발하게 되는데, 제1강에서는 소학교육과 어문학의 발전과정을 서술하며, 제2강에서는 경전해석에서 비롯된 훈고학(训古学)의 탄생과 발전 방향에 대해서 알아본다. 그리고 제3강에서는 훈고학에 이어 시각부호인 문자와 더불어 한자학(汉字学)의 발전 과정을 살펴본다. 제4강에서는 표의문자인 중국어에서 음성(音声)을 중심으로 한 성운학(声韵学)이 발전하게 된 배경을 표음문자와 함께 전해진 불교(佛教)의 전래와 관련지어 설명하고, 이어서 제5강에서는 중국어의 음성기호인 한어병음(汉语拼音)을 중심으로 현대중국음운학의 발전 과정을 서술한다. 마지막 제6강에서는 백화문의 등장과 더불어 연구된 허사(虚词)와 이후 전개된 현대어법학의 발전 과정과 현대언어학에서 주로 연구되고 있는 언어의 구조분석을 중심으로 한 어법학(형태론과 통사론)의 발전과정을 알아본다.

제2부는 중국 문학에 관한 간단한 정의에서 시작하여 중국문학의 흐름을 살펴보고, 나아가 중국 문학의 주요 장르를 중심으로 그 발전양상을 살펴본다. 우선 중국 문학의 대다수 장르에서 볼 수 있는 공통점은 문학이 민중들의 삶의 현장에서

탄생하였고 사대부 지식인에 의해 더욱 성숙한 문학으로 다듬어지고 있음을 알 수 있다. 그리고 지식인들이 현실의 생활과 유리되었을 때는 문학 장르가 형식화되면서 점차 쇠퇴의 길을 걷게 되고, 또 쇠퇴한 문학 장르는 민중의 힘을 통해 새롭게 재탄생되어 새로운 문학 장르에 주인공 자리를 내주게 된다는 것도 알 수 있다. 제2부 또한 모두 6강으로 구성된다. 먼저 제7강에서는 역사, 지리, 사상적 측면에서 중국 문학이 탄생하게 된 배경을, 제8강에서는 문학의 맹아기인 선진(先秦)시대부터 시작하여, 서사문학의 최고전성기 명청(明清)시기까지 문학의 큰 흐름을 개괄적으로 살펴본다. 다시 제9강부터 11강까지는 중국문학의 주요 장르인 시가, 산문, 소설의 각 문학 장르가 나타난 배경과 발전양상 그리고 당시 사회 전반에 미친 영향을 중심으로 고찰해 보고, 마지막 12강은 서구문화의 영향을 받으면서 탄생한 현대문학을 사회, 정치적 변동과 관련하여 살펴본다.

본서는 본래 대학의 중어중문학 전공자들에게 중국어문학 기초지식을 제공하기 위해 기획되었으나, 중국어와 중국학에 관심을 가진 사람들 모두가 볼 수 있도록 그 내용을 확장하였다. 그래서 우선 중국 역사의 흐름에 토대를 두고 중국어문학의 발전 과정을 시대적 상황과 연계해서 소개하고, 아울러 중국어학과 중국문학에 관한 전문적인 용어나 장르까지 접할 수 있도록 하였다. 비록 중국어학과 중국문학에 관련된 전문용어가 매우 생소하게 느껴질 수도 있으나, 전문용어와 내용을 반복적으로 학습할 수 있도록 함으로써 단순히 어문학 기초지식 이외에도 약간의 전문지식까지 얻을 수 있도록 하였다.

제1부
중국 어학

제1강 소학교육(小學教育)과 어문학(语文学)

1. 어문(语文)과 어문교학(语文教学)

중국에서는 '어문(语文)' 혹은 '어문교학(语文教学)'이라고 하여, 초등학교와 중등학교에서 가르치고 있는데, 이전에는 초등교육의 '국어(国语)'와 중등교육의 '국문(国文)'으로 구분되었다고 한다. 중국의 '어문교학(语文教学)' 또한 바로 회화와 작문을 중심으로 한 언어학습과 문학작품에 대한 감상 및 내용에 대한 이해를 포함하고 있으며, 이전에 한국의 초, 중등학교에서 '국어(国语)'라는 이름으로 가르쳤던 우리말교육과 기본적으로 일치한다. 또 다른 측면에서 '어문(语文)'이라는 명칭은 구어(口头语言)와 서면어(书面语言)가 확연히 구분되는 중국어의 특징을 엿볼 수 있는데, 즉 말로 행해지는 언어인 구어를 의미하는 '어(语)'와 문자로 써서 이루어진 서면어인 '문(文)'을 합쳐서 어문(语文)이라고도 한다. 위의 두 가지 측면에서의 '어문교학(语文教学)' 모두 하나하나의 글자가 모여 단어가 되고, 단어는 다시 구문이 되고, 또 문장이 되어 문학작품이 된 전 과정을 의미하며, 또 반대로 문학작품에서 단어까지의 분석과정을 가르치는 언어학을 포괄한다.

따라서 대학의 기초외국어 학습에서 배우는 문자기호, 발음기호, 단어, 구문 등의 언어기초에서부터 언어를 재료로 한 다양한 문장으로 이루어진 문학작품의 이해와 감상 등에 이르기까지 모두가 '어문학습'의 일환이라고 볼 수 있다. 다만 대학에서는 단순히 어문학습에 그치는 것이 아니라, 더욱더 세부적인 장르에 관한 연구나 문학비평 등과 같은 한 차원 높은 내용을 학습하게 된다. 사실 한국 대학의 '학과(学科)'에 대비되는 중국 대학의 '학계(学系)'는 그 내부의 교과목 범주에서도 차이는 있다. 즉 중국대학의 '중국문학계(中国文学系)'는 역사와 철학 등을 포함하는 넓은 범주의 '인문(人文)'이라는 각도에서 접근할 수 있다면, 한국 대학의 '중어중문학과(中语中文学科)'에는 대체로 철학과 역사를 제외한 '어학'과 '문학'을 중심으로 한 '어문'에 집중되어 있다는 점이 다르다. 그래서 한국에서는 '어문계열'이란 용어가 따로 사용되고 있으며, 현재 대학에서 중어중문(中语中文)과 동일한 언어형식을 지닌 국어국문(国语国文), 독어독문(独语独文), 불어불문(佛语佛文), 영어영문(英语英文) 등의 이름으로 편재된 학과가 대표적인 어문계열에 해당한다고 할 수 있다.

하지만 중국 대학의 '학계(学系)'와 한국 대학의 어문계열 학과에 편재된 어문학과정은 대체로 기초어휘에서부터 문자기호, 발음, 어법구조, 구문해석, 작문 등에서부터 언어구조 전반에 대한 학술적 이해, 그리고 시, 소설, 산문 등과 같은 다양한 문학 장르에 대한 이해와 감상 등에 이르기까지 기본적으로 일치한다. 즉 문학작품 한 편이 완성하기까지 한 글자에서부터 시작하여 단어, 구절을 거쳐, 마지막 표점부호를 찍어서 하나의 구문을 완성하게 되고, 다시 완성된 구문을 일정한 줄거리에 따라 엮어 놓은 문단에서 문학작품까지를 학습하게 된다. 반대로 분석의 각도에서 보면, 문학작품을 각 문단별로 분류하고, 다시 각 문단을 다양한 구문으로 다시 분류하고, 구문은 다시 몇 개의 구절로, 구절은 다시 몇 개의 단어로 나누어지고, 단어는 다시 형태소와 문자, 그리고 한 개 한 개의 어음으로 나누어 파악하게 된다.

그러면 중국어 어문학습을 위한 기초지식을 위해서는 어떠한 과정을 거쳐야 하는지, 아래의 몇 가지 과정을 통해 접근해 보자.

첫째, 한자(汉字)의 쓰기와 정확한 의미 익히기

중국어를 학습하기 위해서는 먼저 중국어를 표기하는 기호인 한자(汉字)를 읽고 쓸 줄 알아야 하며, 표의문자인 한자는 그 구조가 복잡하고 한 글자에 여러 의미를 포함하기 때문에 유의해야 한다. 특히 동의어(同义语)나 동음어(同音语)가 다른 언어에 비해 많아 어휘의 형태구조와 의미범주를 정확하게 이해하여야 하며, 한자를 구성하는 한 획 한 획을 쓰는 방법과 순서를 익혀야 한다. 또 의미의 다양성에 따라 구문에서의 기능도 변하기 때문에, 의미와 기능을 보다 면밀하게 파악해야 한다. 비록 서구의 사람들에 비해서 우리는 이미 생활 속에서 한자를 접하고 있기는 하지만, 오히려 이러한 규칙과 절차를 무시하고 쓰는 경향이 많다. 사실 글을 쓴다는 것은 단순히 자기계발을 위해서 행하는 것이 아닌 남에게 내용을 보여주기 위한 것이기 때문에, 다른 사람이 보다 쉽게 알아볼 수 있도록 써야 한다.

한자는 비록 오랜 세월을 거치면서도 본래의 형체를 보존하고 있지만, 의미의 다양한 변화는 크게 통시적 관점과 공시적 관점으로 구분하여 변별할 수 있어야 한다. 즉 고대한자와 현대한자 사이에는 단순히 문자의 형태가 동일해도, 의미상의 차이가 나타나는 경우가 많아서 특히 유의해야 한다. 우선 통시적 관점에서 보면, 고대중국어에는 대체로 한자(汉字) 한 개가 하나의 단어로 사용되는 경우가 많았다면, 현대중국어에서는 두 개 이상의 한자가 훨씬 더 많이 사용되고 있다는 점이다. 비록 한자 한 개가 단어로 사용되더라도, 고대중국어와 현대중국어 사이에는 의미나 기능면에서 많은 차이가 있음을 볼 수 있다. 예를 들면, '甲, 乙, 丙.....'처럼 순서를 나타내는 한자 중에서 첫 번째로 사용되는 '甲(갑)'은 고대중국어에서는 '军装(갑옷)'을 의미하였으나, 현대중국어에서는 이미 갑옷의 의미는 사라지고 12간지의 첫 번째 글자로 사용되고 있다. 또 현대중국어에서 '걷다'의미로 사용되는 '走'는 고대에는 '逃跑(달아나다)'의 의미로 사용되었다.[1] 이 외에도, '얼굴'을 나타내는 '面'은 '脸'으로 바뀌었으며, 발을 나타내는 '足'은 '脚', '마시다'의 '饮'은 '喝', '먹다'의 '食'은 '吃'로 바뀌는 등 많은 한자가 서로 다른 의미로 표현되고 있음을 알 수 있다.

이러한 의미의 전이현상은 이미 고대한자의 의미를 알고 있는 한국인들에게 다의어나 동음어, 유의어 등과 더불어 중국어 학습에서 어려움을 겪게되는 요소들이다.

둘째, 한어병음(汉语拼音)의 습득과 정확한 발음하기

중국어 학습에서는 문자기호인 한자에 대한 이해가 무엇보다 필요하지만, 현대중국어에 규정된 발음기호인 한어병음(汉语拼音)을 정확히 이해하는 것도 중요하다. 여기에서 병음(拼音)이란 '음을 병렬하여 쓰다'라는 의미로, 각각의 발음기호, 즉 성모(자음)와 운모(모음)를 중국어의 발음규칙에 맞게 배열을 한다는 것을 의미한다. 중국어 표기기호인 한자(汉字)는 기본적으로 한 글자가 한 개의 음절로 구성되는데, 한 글자는 성모 한 개에 최대 3개의 발음기호로 구성된 운모가 결합하게 된다.

1 한국어에서는 여전히 '달아날 주'라고 훈(训)이 되어 고대의 의미를 지니고 있다.

즉 음절 한 개는 자음인 성모(声母)와 모음의 운모(韵母)[2]가 결합하여 음절 하나를 구성하고, 다시 초분절음소인 성조(声调)가 결합하면서 비로소 의미를 갖게 된다. 물론 모든 음절이 성모와 운모를 모두 갖추어야 하는 것은 아니며, 성모가 없이 운모로만 구성된 '영성모(零声母) 음절'도 있다. 현대중국어 음절의 구성 요소인 한어병음은 21개의 성모와 39개의 운모가 조합하여 형성되며, 또 성조는 1성(음평), 2성(양평), 3성(상성), 4성(거성)의 4개와 성조 표시가 없는 경성으로 구성된다.

그리고 한어병음을 구성하는 발음기호는 라틴자모를 이용했기 때문에 쉽게 이해할 수 있지만, 이미 영어에 익숙한 학습자들은 라틴자모를 영어 알파벳으로 혼돈할 수 있으니 더욱 주의해야 한다. 또한 음절을 구성하는 발음기호가 모두 본래의 음가(音价)로만 존재하는 것이 아니라, 두 개 이상의 음절이 연음(连音)되는 과정에서 '변음(变音)'현상이 생겨나기도 한다. 대개 한어병음을 학습하면서 새롭게 알게 되는 발음의 변화나 탈락, 그리고 성조의 변조(变调)현상 등이 이에 해당하는데, 중국어 기초과정에서 배우게 되는 대표적인 음운변화 현상을 소개하면 다음과 같다.

첫째, 한자는 한 글자가 한 개의 음절을 나타내는데, 한 단어의 음절은 붙여서 쓰고, 단어와 단어 사이는 띄어서 쓴다.

---

2 운모 중에서는 일부 자음이 함께 사용됨으로 '모음'이라고 부르지 않는다.

둘째, 운모 [iou]와 [uei], 그리고 [uen]은 앞에 성모가 오게 되면, 'iu', 'ui', 'un'으로 바꿔서 쓴다. 즉 모국어 화자의 발음습관에 따라 중간의 o와 e를 탈락시켜 표기하는 것이다.

셋째, [i]나[ü]가 성모 없이 단독으로 음절을 구성할 때는 반자음 'y'를 앞에 붙여주고, [u]가 성모 없이 단독으로 음절을 구성할 때에는 반자음 'w'를 앞에 붙여서 음절을 형성한다. 예를 들면, 영성모 [i]나[ü]는 'yi(一)'나 'yu(雨)'처럼 쓰게 되고, 영성모 [u] 또한 'wu(五)'로 표기하게 된다. 그런데 [ü]는 앞에 'y'가 오면 위의 점은 탈락하고 그냥 [u]로 적는다.

넷째, [a], [o], [e]가 성모 없이 음절을 구성할 때는 음절간의 구분을 위해 격음부호인 [']를 표기한다. 예를 들면, 「Tian'anmen(天安门)」, 「fang'an(方案)」 등과 같이 앞 음절에 연이은 뒤 음절이 '영성모'로 구성된 경우가 여기에 해당한다.

다섯째, 한어병음이 라틴자모를 사용하기 때문에, 라틴어의 표기법에 따라 인명이나 지명, 서적명 등 고유명사에는 첫 표기를 대문자로 쓴다는 점도 기억하자.

셋째, 형태소(语素)와 단어(词) 구별하기

현대중국어에는 '去'나 '看'처럼 단음절의 단어가 사용되고 있기는 하지만, 여전히 이음절의 단어가 주류를 이루고 있다. 따라서 이음절 이상의 단어에서 일음절의 한자는 대부분 형태소로 작용하게 되는데, 이 때 형태소로 사용되는 한자는 어떠한 형태소와 결합하느냐에 따라 다양한 유의어를 형성하게 된다. 예를 들어 '빈틈이 없이 꽉 차다.'라는 의미를 지닌 '密'이 형태소로 사용된 세 단어 '精密(정밀하다)', '严密(엄밀하다)', '周密

(조밀하다)' 사이에 공존하는 '빽빽함'의 배경에는 도구, 수단, 방법 등에서 미세한 차이가 존재하고 있다. 즉 '精密(정밀)'은 '정교하고 치밀하여 빈틈이 없음'을 나타내고, '严密(엄밀)'은 '조그만 빈틈이나 잘못이라도 용납하지 아니할 만큼 엄격하고 세밀함'을 나타냄으로써, 두 단어 사이의 '빈틈이 없음'은 사물과 심리 사이에서 미묘한 차이를 보인다. 또 '精密(정밀)'과 '周密(조밀: 촘촘하고 빽빽하다.)'은 모두 가공된 사물에 사용되고 있지만, 사물 내부의 간격의 차이와 사물 사이의 밀접함에 상호 초점이 맞추어져 있음을 알 수 있다.

단순히 의미의 구별 이외에도, 평가의 방식이나 대상에 따라 서로 다른 어휘를 선택해야 하는데, 이러한 사실은 중국어를 모국어로 사용하는 화자 또한 쉽게 설명해 주지는 못한다. 예를 들어, '名气, 名声, 名望, 名誉, 声誉'는 모두 사회에 이름이 나 있는 사람이나 사물에 대한 평가를 나타낸다. 하지만, '名望'과 '声誉'는 '높낮이(高低)'로 평가를 하고, '名气'와, '名声'은 '좋고 나쁨(好坏)'으로 정도를 평가한다. 또 '名气, 名声, 声誉'는 사람과 사물에 모두 사용되지만, '名望, 名誉'는 오직 사람에게만 사용된다. 사실 우리는 이러한 어휘들의 변별적 특징을 구별하기란 쉽지 않지만, 기초에서부터 차근차근 익히면 보다 깊이 있는 중국어 학습을 할 수 있지 않을까 한다.

또 다른 예로 단어와 단어 간의 의미결합인 구절의 논리관계에 대한 접근도 중요한데, 이때의 논리는 모국어 화자들의 습관화된 관습과 일치하게 된다. 일반적으로 '吃饭'처럼 밥을 먹을 수는 있지만, '喝饭'과 같이 '밥을 마신다.'라고 하지는 않는다. 반대로, 한국어에서 술을 먹기도 하고 마신다고 표현하지만, 중국어에서는 '喝酒'라고는 할 수는 있지만 '吃酒'라고 하지 않는다. 또 한국어에서는 '(좋은)성적을 얻다 혹은 내다'라고 표현할 수 있지만, 중국어에서는 '做出成绩*(성적을 내다)'처럼 '做出(해 내다)'과는 조합이 불가능하다. 오히려 목적어 '成绩(성적)'은 '取得成绩(성적을 취득하다)'처럼 동사 '取得'과는 결합이 가능하다. 이러한 구별능력은 단어 '酒', '饭', '成绩' 등이 가지는 명사적 특징과 '喝', '吃', '取得' 등의 동사가 가지는 의미범주와 어법기능을 정확하게 이해해야만 가능하게 된다.

넷째, 어법에 맞는 구문(문장) 완성하기

일반적으로 구문은 여러 개의 단어와 구절[3]이 모여서 구성되며, 각종 성분을 구성하는 단어나 구절은 다시 주요(主要)성분과 부차(副次)성분으로 구분된다. 대개 주어(主语), 술어(述语), 목적어(宾语)가 주요성분이 되고, 관형어(定语)나 부사어(状语), 보어(补语) 등 수식성분은 부차성분으로 귀납된다. 중국어에서 주요성분과 부차성분의 관계는 다음과 같은 어순으로 구성된다.

---

3 한국어 언어학에서는 구와 절을 구분하지만, 중국어에서는 표점부호가 없는 절은 문장성분으로서 구와 기능상의 차이가 없어 함께 설명한다.

(定语) + **主语** + (状语) + **述语** + (补语) + (定语) + **宾语**。[4]

(관형어) + 주어 + (부사어) + 술어 + (보어) + (관형어) + 목적어

他的 姐姐 下午 买 来 了 新鲜的 苹果。

위에 제시된 것은 중국어 구문에서 나올 수 있는 모든 구성요소를 표시하고 있으며, 일상의 언어에서는 몇 개의 요소만으로 구성되는 경우가 많다. 대체로 핵심요소인 '주어+술어+목적어'로 구성된 구문이 주로 사용되지만, 어떤 구문은 '주어' 혹은 '술어'만으로 구성될 수 있고, 심지어 부사어(狀語)만으로도 구성될 수도 있다.

甲: 你好吗?
乙: 很好!

甲: 他可以自己去吗?
乙: 可以。

甲: 今天三月二十五号?
乙: 今天三月二十五号。

---

4 위의 표에서 ( )속에 있는 수식성분은 구문을 구성하는데 반드시 있어야만 하는 것이 아니며, 주어와 술어, 그리고 목적어는 주요성분으로 인지된다. 여기에선 定语(정어)는 앞에서 수식하는 한정성분으로 한국어에서 '관형어'를 의미하며, 状语(상어)는 술어의 상황을 설명하는 '부사어'에 해당하며, 补语(보어)는 한국어나 영어에서는 체언이 오는 것과 달리 중국어에서는 용언이 온다.

甲: 天气怎么样?
乙: 下雨了。

甲: 谢谢!
乙: 别客气!

위에 제시된 회화체의 예문에서 대부분의 구문이 '주어+술어+목적어'의 핵심요소를 갖추고 있지 않지만, 여전히 모두 합법적인 구문으로 성립한다. 특히 청자(乙)가 대답하는 구문은 대부분 주어가 없으며, '可以'처럼 부사어만으로 구성된 것도 있고, "今天三月二十五号。"는 명사만으로 구성되어 있다. 그래서 중국어에는 어법이 없다느니 혹은 어법체계가 명확하지 않다고 주장한 사람들도 있었지만, 여전히 언어교재가 성립하기 위해서는 어법이 없는 언어는 존재하지 않는다.

사실 이러한 주요(主要)와 부차(副次)의 구별은 대개 영어를 기반으로 하는 서구의 언어이론에서 비롯되었다고 할 수 있는데, 구문내용을 구성하는 사건의 전반에 대한 논리적인 전개와 구문을 구성하는 각 성분 간의 어법관계를 명확히 이해하는데 도움이 된다. 이렇게 주요성분과 부차성분의 구분을 통한 구문관계의 파악은 단순히 독해와 작문에만 필요한 것이 아니라, 쓰기나 읽기에서도 여전히 그 진가를 발휘하고 있다.

다섯째, 문장구조의 정확한 분석과 내용 파악하기

독자가 한 편의 글을 읽는다는 것은 단순히 구문을 분석하여 내용을 이해하는 것이 아니라, 작가가 이 글을 쓴 의도나 생각을 파악할 수 있어야 한다. 따라서 작가의 의도를 파악한다는 것은 단순히 구문구조에 대한 기능적 특징을 분석하는데 그치는 것이 아니라, 각 구문의 연결과 문단의 연결과정에서 나타나는 화용적 특징까지도 이해했다는 것이 된다. 왜냐하면, 작가는 단어의 선택에서부터 구문과 구문, 문단과 문단의 의미 내용의 파악과 연결짓기, 그리고 시작에서 마지막까지 어떻게 시작하고 종결을 지을 것인가에 대해서도 일정한 줄거리를 가지고 글을 쓰기 때문이다. 다음 문장은 어법, 작문, 문장의 이해 등에 대해 서술하고 있는데, 내용을 잘 이해하고 어문학습에 도움이 되었으면 한다.

> 有人以为文章写不通，写不好，就是因为不懂语法。只要读一两本语法书，就可以学会写文章。这种想法不对的。语法只管句子的构造，主题思想、篇章结构、修辞炼字等等问题，写作的时候都必须考虑到，但这些都不在语法研究的范围之内。其次，学习语法免不了要读语法书，但书本上的知识到底是死的。如果不跟实际的阅读和写作结合起来，仅仅抱在一些干巴巴的术语和条文不放，那是不会有什么实际效果的。[5]

---

5 본문은 중국의 언어학자 朱德熙 선생의 <从作文和说话的关系谈到学习语法>

이처럼 어문학습은 한 글자에서 문장에 이르기까지, 부단한 읽기와 쓰기의 과정을 통해 이루어진다. 즉 우리는 다른 사람의 문장을 읽으면서 그 사람의 언어 운용에 대한 좋은 습관을 익히며, 직접 문장을 만들어 봄으로써 자기의 언어 운용에 대한 좋은 습관을 기르게 되는 것이다.

위의 다섯 가지가 어문학습에서 기본적으로 해야 할 과제이며, 이를 토대로 언어학 전반과 문학 전반에 대한 보다 심도 있는 학습이 가능하다는 것을 알아야 한다.

2. 언어의 구성요소와 표점부호

우리가 일상생활에서 사용하는 언어는 대개 단어로부터 시작하게 되고, 또 다른 단어를 만나 더 큰 단위의 구나 절을 만들게 된다. 물론 이러한 단위의 결합에는 일정한 규칙이 있는데, 단어가 어떻게 구성되었는가를 고찰하는 것을 '형태론(morphology)'이라 하고, 단어에서 구문에 이르는 과정을 분석하는 것을 우리는 구문론(통사론:syntax)이라고 한다. 일반적으로 구문론의 각도에서 구문을 분석할 때, 언어의 구성요소를

라는 글에서 인용하였으며, 학생들이 보다 쉽게 구문내용을 이해할 수 있도록 표점부호 1개를 바꾸었다. 中华函授学校编, ≪语文学习讲座丛书(1)-语文学习的基础≫(商务印书馆, 1981년) 182쪽 참고.

주요성분으로 취급되는 주어(主语), 술어(谓语), 목적어(宾语)와 부차성분으로 취급하는 관형어(定语), 부사어(状语), 보어(补语) 등의 문장성분에 한정하는 경우가 많다. 하지만, 비록 구문의 구성요소가 통사적으로 어법규칙에 적합하게 구성되었더라도, 구문의 문미(文尾)에 표점부호를 부가하지 않으면 완전한 구문이 성립되었다고 볼 수 없다.

특히 한국인 학습자들이 중국어를 작문하는 과정에서 표점부호를 표시하지 않는 경우를 많이 볼 수 있는데, 표점부호 또한 주어나 술어 등과 동등한 자격을 가진 문장성분이라는 것을 알아야 한다. 비록 표점부호가 단어의 의미나 문장의 내용과 같은 개념적 특징을 가지고 있지는 않지만, 독자나 청자가 구문의 내용을 이해하려면 반드시 존재해야 할 성분이다. 왜냐하면, 구문의 내용이 아무리 좋다고 하더라도 표점부호를 잘못 선택하거나 부가하지 않으면, 의미가 잘못 전달되거나 불완전한 문장이 될 수도 있기 때문이다. 중국어에서 대표적으로 사용되는 표점부호에는 다음과 같은 것들이 있다.

표점부호	용법	예문
句号(。) 온점	문장의 끝에서 전달 내용이 끝났음을 나타낸다. '서술어기'라고 한다.	我是学生。 我们走吧。
问号(?) 물음표	문장의 끝에서 내용이 질문임을 상기시킨다. '의문어기'라고 한다.	你是学生吗? 你去哪儿?

感叹号(!) 느낌표	문장의 끝에서 화자의 강렬한 주관감정을 나타낸다. '감탄어기'라고 한다.	这么美丽的风景啊! 希望你多带几个朋友来!
逗号(,) 쉼표	단어나 문단 사이에서 잠시 끊었다가 읽게 되는데, '휴지'라고도 한다.	老师, 您好! 好, 现在上课吧。
顿号(、) 모점	여러 개의 단어나 구를 나열할 때 사용하는데, 대개 동일 품사나 성분이 나열된다.	爸爸、妈妈、哥哥和我。
引号(" ") 인용부호	인용부분이나 특정 호칭 등 의미가 있는 곳에 사용한다.	"一会儿再谈"是现在不谈。
分号(;) 쌍반점	병렬된 절 사이에 쓰인다.	春天, 播种; 秋天, 收获。
冒号(:) 쌍점	앞문장에서 간단하게 제시하고, 뒷문장에서 설명하는 경우에 사용한다.	房间一共有两个东西: 桌子, 椅子。

물론 표점부호 이외에도, 구문에 사용되는 컴퓨터의 문자기호에서 쉽게 볼 수 있는( )나 < >, 《 》, ……, — 등의 다양한 전각기호들이 활용되기도 한다. 비록 직접적인 대화에서는 음성기호만을 인식하게 되겠지만, 표점부호가 있다는 사실을 잊어서는 안 된다. 특히 작문을 통해 글을 쓸 경우에는 표점부호를 생략하거나 제거해서는 안 된다는 점을 반드시 인식할 필요가 있다.

3. 어문학(语文学)과 언어학(语言学)

고대 중국어에서 언어에 관한 연구는 현대언어학과는 달리 '어문학(语文学)'이라고 부르며, 학동들의 어문교학을 위한 문자(文字)의 연구와 경전해석을 위한 훈고학(训诂学), 그리고 운문문학의 압운을 위한 성운학(声韵学)을 포함한다고 할 수 있다. 그러면 '어문학(语文学)'과 '언어학(语言学)'은 어떤 차이가 있는가? 사실 현대 언어학(linguistic)은 서구 언어학의 이론적 토대 위에서 형성되었기 때문에, 중국 언어학사에서는 대략 19C 이전이나 혹은 '5.4(운동)' 이전의 연구를 '어문학(语文学: Philology)'으로 간주하고 있다.[6] 하지만 '어문학(语文学)'이나 '언어학(语言学)모두 '어휘'와 '구문'에 대한 체계적인 연구, 즉 '문자'와 '어휘'의 구체적인 의미범주 및 '구문'의 구성방식과 구조규칙 등을 연구하는 모든 것을 포함할 수 있다. 사실 이러한 관점에서 중국의 '어문학(语文学: Philology)'과 '언어학(语言学: linguistic)'은 크게 다를 것이 없어 보이지만, 또 다른 각도에서는 문자학(文字学), 훈고학(训古学), 성운학(声韵学) 등으로 구성된 고대 중국의 어문학과 어음학, 어법학, 의미론 등으로 구성되는 현대

---

6 중국의 대표적인 언어학자 왕력(王力)은 그의 《중국언어학사》에서 '어문학은 문자나 서면어를 중심으로 한 비체계적인 연구이며, 언어학은 언어 자체를 연구대상으로 하여 과학적이고 체계적인 연구를 통하여 치밀하고 전면적인 언어 이론의 결과를 얻을 수 있다'라고 설명하고 있다.

의 언어학과 구분하여 설명하기도 한다. 이것은 고대 중국의 언어연구가 언어 자체에 대한 분석에 초점을 둔 것이 아니라, 어문교학(语文教学)이나 경전해석(经典解释)에 초첨을 두었기 때문일 것으로 보인다. 중국 고대(古代)의 어문학 연구는 주(周)나라에서 청대(清代)까지 매우 긴 역사를 지니고 있으며, 현대적 언어학의 탄생은 서구언어학의 이론적 토대로 완성된 어법저작인 ≪마씨문통(马氏文通)≫(1898년)을 그 출발로 잡고 있다.

현대언어학에서는 "언어가 인간을 동물과 구별하는 척도이자, 기호(sign)의 체계(system)"라고 말하며, "언어기호는 '소리(音)'와 '의미(义)'를 가진 부호가 일정한 '구조규칙(法则)'을 통해 결합된다."라고 말한다. 그래서 언어를 음의(音义)결합체라고 하며, 언어를 연구하는 언어학의 대상 또한 소리를 연구하는 '어음학(语音学)', 의미를 연구하는 '의미론(语义学)'으로 구분한다. 그리고 언어의 구조규칙을 연구하는 '어법학(语法学)'은 넓은 의미에서는 모든 언어의 규칙을 포괄할 수 있으며, 좁은 의미에서는 어법학은 구조규칙을 연구하는 '구문론'(일반적으로 '통사론'이라고도 함.)으로 한정하여 부르기도 한다.

물론 각각의 언어 분야 또한 세부적인 구별이 존재하는데, 어음(phoneme)을 연구하는 어음학은 발성법이나 음향적 성질을 연구하는 '음성학(phonetics)'과 소리의 기호체계를 연구하는 '음운학(phonology)'으로 나누어진다.[7] 또 의미를 연구하는 의미론(semantics) 또한 단어의 의미를 연구하는 '어휘학(어휘의미론)'과 문장의 의미를 심리 혹은 논리적 관점에서 연구하는 '의미론(구문의미론)'으로 구분되기도 한다. 또 어법학은 단어의 형태구조를 연구하는 형태론(morphology)과 구문의 구조관계를 연구하는 구문론(통사론:syntax)으로 구분된다. 더 나아가, 구문 전체에서 파생되는 화자의 주관심리에 대한 연구를 하는 '심리언어학'이 있으며, 구문에서 표현되는 화자의 심리연구는 언어의 맥락이나 사용과정에서 드러나는 의미를 연구하는 화용론(pragmatics) 등 다양한 응용언어학으로 그 연구의 분야가 파생된다.

좀 더 상위 범주에서 살펴보면, 먼저 연구자가 연구 당시의 시점 혹은 한 시대의 언어에 관해서 연구하는 것을 '공시언어학(synchronic linguistic)'과 시대의 흐름이나 일정 기간의 변해가는 언어를 연구하는 것을 '통시언어학(diachronic linguistic)'[8]으로 구분해 볼 수 있다. 공시언어학이란 대개 일정한 기간이나 지역 내에서 짧게 나타난 현상을 연구하는 것을 의미하며, 공시적 관점에서는 동일 언어의 표준어 문제나 다양한 언어를 비

---

7 중국언어학에서는 음성학(音声学)과 음운학(音韵学)을 합쳐서 '어음학(语音学)'이라고 부르고 있으나, 한국어에서는 크게 음성학이 상위범주이며, 음성학 하부에 '조음음성학'과 '음향음성학'으로 구분하여 부른다.

8 중국언어학에서는 '역시언어학(历时语言学)'이라고 부른다.

교하여 연구하는 방법이 있을 수 있다. 이와 달리, 통시언어학이란 비교적 긴 시간에 대한 역사적 관점에서 바라보는 것으로, 통시적 관점에서는 동일 언어의 역사적인 비교연구나 동일 계보의 언어 사이의 대조연구 등을 말한다.

제2강 경전해석(经典解释)과 훈고학(训诂学)

1. 소학(小学)과 경학(经学)

고대중국어에는 '언어학(语言学)'이란 용어는 없었으며, 중국 언어학의 역사는 진(秦)나라 이전의 선진시기(先秦时期)에 학동(学童)들을 가르치던 소학(小学)과 경전의 내용해석을 위주로 한 경학(经学)에서 현대 언어학을 구성하는 요소의 부분적인 모습을 엿볼 수 있다. 초기의 소학은 귀족 자제들에게 육예(六艺)[9]와 육의(六仪)[10]를 가르치는 것에서 비롯되었으며, 정확한 예의(艺仪)의 내용을 이해하도록 문자를 가르치는 것에서 언어에 대한 인식이 시작되었다고 할 수 있다. 더 나아가, 사회 발전에 따라 언어와 문자가 점차 복잡해지면서, 단순히 한자 교육에서 벗어나 어휘나 어법(허사)에 관한 연구까지 필요하게 되었다. 이후, 소학의 교육 범위가 육예 중의 '서(书)'에 한정되면서 언어와 문자의 학습으로 축소되었으며, 드디어 문자를 가르치

---

9 육예(六艺)란 '오예(五礼), 육악(六乐), 오사(五射), 오어(五驭), 육서(六书), 구수(九数)'를 가리킨다.

10 육의(六仪)란 '祭祀之容, 宾客之容, 朝庭之容, 丧纪之容, 军旅之容, 车马之容'을 가리킨다.

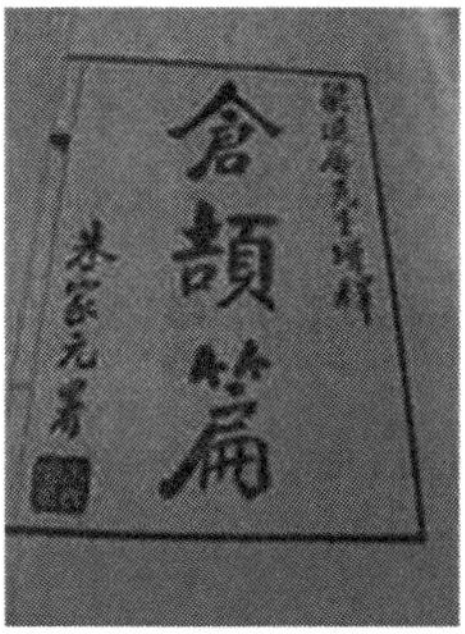

기 위한 학습교재가 출현하게 된다. 대표적인 소학 교재로는 이사(李斯)의 ≪창힐편(仓颉篇)≫, 조고(赵高)의 ≪원력편(爰历篇)≫, 호무경(胡毋敬)의 ≪박학편(博学篇)≫, 사마상여(司马相如)의 ≪범장편(凡将篇)≫, 사유(史游)의 ≪급취편(急就篇)≫, 이장(李长)의 ≪원상편(元尚篇)≫, 양웅(扬雄)의 ≪훈찬편(训纂篇)≫ 등이 있다. 이 중에서, 양웅(扬雄)의 ≪훈찬편(训纂篇)≫에 수록된 한자는 무려 5,340자가 되었는데, 당시에 사용되던 한자의 개수가 5천여 자를 넘어섰음을 알 수 있다. 이후 한나라(汉代)에 들어서면서, 위에 소개한 다양한 소학 교재들은 ≪창힐편(仓颉篇)≫이란 이름으로 통일되었으며, 교재에 수록된 한자 또한 3,300여자로 정리되었다.

고대 중국인들은 이러한 소학 교재를 정리하는 과정에서 한자의 기호성을 인식하고, 한자(汉字)의 구조적 복잡성과 형태의 다양성에 관한 연구가 시작되었다. 즉 고대 중국에서 사용했던 번체자의 복잡성 이외에, 당시 다양한 왕조로 분리 통치되고 있었던 중국에서는 '한자가 표현하는 소리가 (나라마다) 다르고, 문자는 형태도 달랐다(语言异声, 文字异形)'. 이러한 한자의 다양성은 각 지역의 문자에 관한 대조연구가 시작되면서, 이후 중국을 통일한 진시황은 가장 먼저 문자 통일을 위한 '서동문(书同文)' 정책을 실시하게 되는 배경이 되었다.

하지만 진시황의 서동문 정책도 말년에 행해졌던 분서갱유(焚书坑儒)로 인해 그 의미가 퇴색되었으며, 이후 대부분의 소학 관련 서적이 소실되면서 많은 교재가 구전(口传)자료에 의존하게 되었다. 이후, 공자(孔子)의 생가를 허무는 과정에서 다량의 고서(古书)가 발견되면서, 구전으로 편집된 교재(教材)와 경서(经书)의 진실성에 대한 진위 논쟁이 촉발하게 된다. 즉 당시 구전(口传)으로 정리되었던 경서인 금문(今文:당시의 경서)과 공자벽에서 나온 경서인 고문(古文: 분서갱유 이전의 경서) 사이에서 발견된 문자와 문장의 차이로 인해, 금문학자와 고문학자 사이에서 어느 것이 진본인가에 대한 격렬한 논쟁이 벌어졌다. 이러한 고금문(古今文)의 대조를 통한 내용의 진위(眞伪) 논쟁은 당시 한자의 형체를 중심으로 한 문자학 연구가 '훈고학(训古学)'의 연구로 넘어가는 주요한 계기가 되었다.

하지만 고대 중국인들은 문자학이나 훈고학에 관한 연구를 언어학적 시각으로 본 것이 아니라, 모두 문학의 아류(亞流)로 여겼다. 그래서 대부분의 역사 기록에는 언어연구와 관련된 저자들을 모두 문학가나 경학가로 소개하고 있다. 예를 들면, 고대 중국 언어유형학의 대표작인 ≪방언(方言)≫의 저자 양웅(揚雄)은 문학의 한 장르인 사부(辭賦)의 작가로, 문자학의 대표작인 ≪설문해자(說文解字)≫의 저자인 허신(許愼)은 고전경전을 연구하는 경학가(经学家)로 기록되어 있다.

2. 훈고학(训诂学)과 그 저작들

중국에서 훈고학(训古学)이 발전한 것은 상고(上古)시대의 언어가 다양한 씨족들의 분합(分合) 과정을 거치면서 복잡한 문자와 더불어 의미의 다양성에 대한 해석이 필요했기 때문이었다. 즉 훈고(训诂)란 특정 언어를 다른 언어로 풀이한다는 것을 의미는데, 서로 다른 언어의 상호 번역을 위해서는 기준으로 삼을 언어가 필요하게 된다. 중국어학에서는 황제가 부족연맹을 만든 이후에 황제 부족의 언어인 하우(夏禹)의 언어가 하언(夏言)으로 발전하여 아언(雅言)이라 불리는 표준어가 완성되었다고 전한다. 표준어로 기록된 한자는 구어(口语:입말)가 가지는 시공의 한계를 극복하여 각 민족의 문헌과 전적(典籍)을 보존하게 되면서, 각 민족의 정치, 경계, 문화 등의 발전에 큰 영향을 끼치게 된다.

훈고학(训诂学)은 고전의 경전을 바르게 해석하고 고전 본래의 사상을 이해하려는 학문이라고 할 수 있다. 먼저 '훈(训)'은 경서의 문자나 내용을 해석한다는 의미를 지니며, '고(诂)'는 고언(古言)이라는 의미로 '고(诰)' 혹은 '고(故)'로 사용하기도 한다. 즉 역사적 관점에서의 훈고(训诂)란 고어(古语)를 당시의 언어 문자로 풀이한다는 의미를 지니며, 훈고학은 중국 고전의 해석상 무엇보다 기본적인 학문이라고 할 수 있다. 한(汉)나라 혜

제(惠帝) 4년에는 진시황의 분서(焚书)와 함께 펼쳐졌던 '협서(挟书)의 금(禁)'이 해제되면서 여러 곳에 흩어져 있던 유서(遗书)를 모으고, 진(秦)나라 때의 경전 박사(博士)를 초청하여 고서의 정리와 경전에 대한 훈고(训诂)와 주석(注释)을 하게 되면서 훈고학(训诂学)은 본격적인 언어학의 연구분야로 발전하게 된다.

이때부터 훈고학과 관련한 저작들이 나타나는데, 대표저작인 ≪이아(尔雅)≫를 필두로, 한(汉)나라 시기에 나타난 양웅(扬雄)의 ≪방언(方言)≫과 허신(许慎)의 ≪설문해자(说文解字)≫ 등을 들 수 있다.

① ≪이아(尔雅)≫

훈고학(训诂学)의 대표저작인 ≪이아(尔雅)≫는 중국에서 가장 오래된 백과사전이라고 할 수 있으며, 3권 19편으로 이루어져 있다. 대략 전국(战国)시기에서 한(汉)나라 사이인 기원전 206년~220년에 만들어졌을 것으로 판단되며, 저자가 누구인

지는 명확하지 않다. 단지 주공(周公) 혹은 공자(孔子)의 제자인 자하(子夏)가 지었다는 주장이 있기는 하나, 여러 학자가 모여서 다양한 경서들에 수록된 본문의 뜻을 풀이하고 주석을 정리한 책이라는 것이 설득력을 얻고

있다. 현재 우리가 알고 있는 ≪이아(尔雅)≫는 서진(西晋, 265년~316년)의 곽박(郭璞, 276년~324년)이 주해(注解)한 ≪이아주(尔雅注)≫를 통해서 총 19편으로 구성되어 있었음을 알 수 있다.

≪이아(尔雅)≫의 주요 내용은 ≪시경(诗经)≫, ≪서경(书经)≫, ≪주역(周易)≫, ≪예기(礼记)≫, ≪춘추(春秋)≫ 등 5경(五经)에 수록된 한자들의 음과 뜻을 풀이해 놓았는데, 훈고학(训诂学:한자의 뜻을 해석) 연구의 지침서로 활용되었다. ≪尔雅≫의 구성은 총 2,091개의 항목을 선정하고, 다시 4,300여 개 단어의 뜻을 전국시대(战国时代) 언어와 진한시대(秦汉时代)의 언어로 풀이해 놓았다. 그 구성은 다음과 같다.

卷上: 1. <석고(释诂)>, 2. <석언(释言)>, 3. <석훈(训释)>, 4. <석친(释亲)>
卷中: 5. <석궁(释宫)>, 6.「석기(释器)」, 7.「석악(释乐)」, 8.「석천(释天)」,
9.「석지(释地)」, 10.「석구(释丘)>, 11. <석산(释山)>, 12. <석수(释水)>
卷下: 13. <석초(释草)>, 14. <석목(释木)>, 15. <석충(释虫)>, 16. <석어(释鱼)>,
17. <석조(释鸟)>, 18. <석수(释兽)>, 19. <석축(释畜)>

'이아(尔雅)'란 '아언(雅言: 표준말, 당시의 공용어)으로 기록하고 풀이한다.'는 의미를 지니고 있으며, 당시 도읍(都邑)을 중심으로 사용된 공용어로 기록되어 있다고 볼 수 있다. 대체로 <석고(释诂)>, 2. <석언(释言)>, 3. <석훈(训释)> 3편에 전체 어휘의 절반이 수록되어 있으며, 자주 사용되는 단어 2,000여 개가 623개의 항목에 포함되어 있다. 나머지 16편에서는 사회 현상과 천문, 지리, 식물, 동물 등의 각종 자연 현상을 나타내는 명칭을 뜻풀이해 놓았다.

≪이아(尔雅)≫는 중국 최초의 언어학 저작으로 고대 전적(典籍)에 수록된 단어를 모아 놓은 어휘총집으로, 고대 중국어에서 사용된 어휘를 각 범주별로 분류한 전문 저서이기도 하다. 특히 고대 문헌을 읽어내는 것 이외에도 개별 어휘를 연구하는 학문분야를 개척한 저작으로 손꼽힌다.

② ≪방언(方言)≫

먼저 ≪방언(方言)≫은 중국어 방언학 부분의 최초의 저작으로 평가되며, 전체 이름은 ≪유헌사자절대어석별국방언(輶轩使者绝代语释别国方言)≫이다. 저자는 서한(西汉)의 문학가이자 철학자로 알려져 있는 언어학의 대가인 양웅(扬雄)으로 알려져 있으며, 제목에서 알 수 있는 것은 왕명에 의해 정리한 것으로 보인다. ≪방언(方言)≫은 본래 15권으로 구성되었다고 알려져 있으나, 현재 13권으로 되어있는 판본이 전해지고 있다.

둘째, ≪방언(方言)≫은 언어학사 최초로 공용어(通语)와 방언(方言)의 개념을 제시하고, 방언 사이의 복잡한 발전과 변화를 서술했다는 점에서 중요한 의미를 지닌다. 당시 각 지역의 방언을 수집하고 조사하고 연구하여, 한대(汉代)의 공통어와 방언의 기본현황을 반영해 내고 있다.

셋째, ≪방언(方言)≫은 체제 면에서는 ≪이아(尔雅)≫를 모방하였으나, ≪이아(尔雅)≫가 글자의 훈고(训诂)에 치중하고 있다면, ≪방언(方言)≫은 방언과 구어를 조사하여 방언어휘를 대조연구한 전문성을 지닌 언어학 저작이라고 할 수 있다.

③ ≪설문해자(说文解字)≫

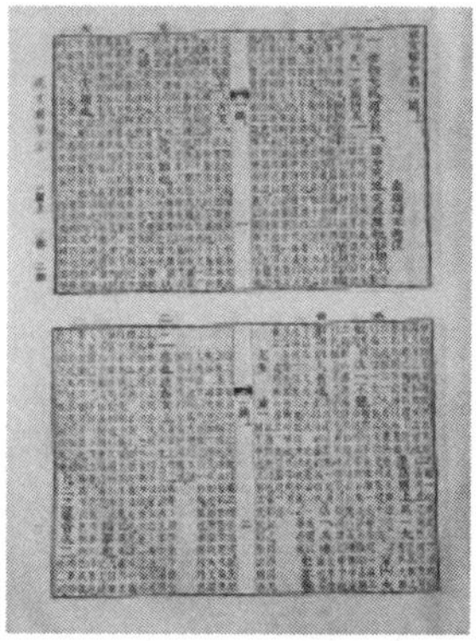

≪설문해자(说文解字)≫는 ≪설문(说文)≫으로 줄여서 말하기도 하며, 현재의 판본은 송(宋)나라 서현(徐铉)의 교정본이 전하고 있다. 내용은 본문 14권과 서목 1권으로 구성되어 있는데, 매권마다 상하로 구분되어 총 30권이 된다. 특히 ≪설문해자(说文解字)≫는 기존의 자서(字书)들이 수집한 5천여 자를 두 배나 넘어선 9,353자의 한자를 수집하였으며, 문자의 형체와 편방을 기준으로 540개의 부수로 나누어 글자를 배열하는 '부수배열법(部首编排法)'을 창시하였다. 또 ≪설문해자(说文解字)≫는 자의(字义)만을 언급한 ≪尔雅≫에 비해, 자형(字形)과 자음(字音)을 함께 고려하여 형(形), 음(音), 의(义)를 설명하고, 한자 구조에 대한 법칙을 고찰할 수 있는 육서법(六书法)을 제시하였다. 특히 자료의 수집과 나열에 거친 ≪이아(尔雅)≫와는 달

리, ≪설문해자(说文解字)≫에서 제시한 한자의 구조를 규칙화한 부수법(部首法)은 매우 과학적인 체계를 갖춘 '자전(字典)'의 탄생을 가져왔다.

비록 허신(许慎)이 서문(序文)에서 '고문경(古文经)'을 중시하고, 공자(孔子)의 육경(六经)을 해석하기 위해서 ≪설문해자(说文解字)≫를 만들었다고 하였지만, 중국 고대언어학사에서 차지하는 비중은 매우 크다. 특히 '문(文)'과 '자(字)'의 구별과 부수법의 창시, 그리고 육서법 등의 세 가지 업적은 현재까지도 문자학 연구에 영향을 미치고 있다. 그는 '文'과 '字'의 차이를 구분하였는데, "사물의 모양을 본떴기 때문에 '文'이라 하였고, 그 후에 형체와 소리가 결합하여 '字'가 되었다. '文'은 물상의 근본이요, '字'는 자꾸 늘어나 많아짐을 나타낸다." 또 육서(六书)에 대해서는 서문(序)에서 ≪周礼≫를 근거로 삼아 관리들의 자제들은 '8세가 되면 소학(小学)에 들어갔으며, 보씨(保氏)가 먼저 육서(六书)로부터 교육을 시작하였다'고 하였는데, 그가 말한 육서는 상형, 지사, 회의, 형성, 전주, 가차의 순서로 나열되어 있다.

④ ≪석명(释名)≫

≪석명(释名)≫은 한말의 훈고학자인 유희(刘熙)의 저작으로, 그는 어원학(语源学)의 관점에서 훈고를 연구했다고 전한다.

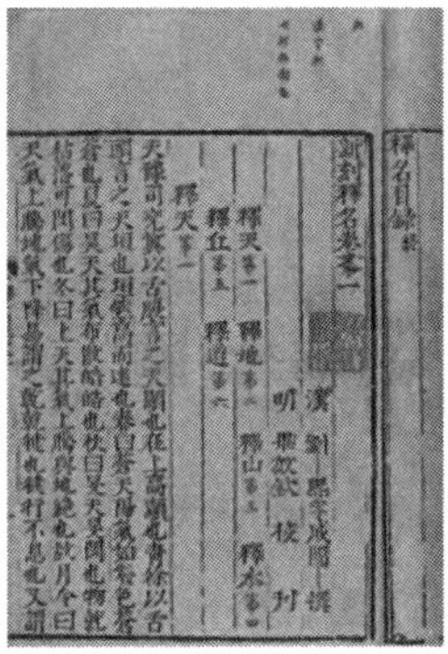

그는 음이 같거나 유사한 글자로 뜻을 해석했는데, 당시의 어음(语音)과 고음(古音)의 다른 점을 살핌으로써 어원학의 선구자가 되었다. ≪석명(释名)≫은 모두 8권 27편으로 구성되어 있으며, 내용과 체례는 ≪이아(尔雅)≫를 그대로 따르고 있다. ≪석명(释名)≫의 음훈(音训: 음으로 뜻을 해석함)은 주관적인 해석이 많다는 것으로 비판을 받고 있지만, 어원학적 관점에서 당시의 어음으로 고음(古音)을 고증해냈다는 측면에서는 매우 참고할 만한 가치가 있다.

청나라 언어학자 양수달(杨树达)은 ≪석명(释名)≫의 분석방법을 동음(同音), 쌍성(双声), 첩운(叠韵)의 세 가지 방법이었다고 설명하고 있는데, 그 예를 보면 다음과 같다.

'雨(비 우)는 羽(깃 우)이다. 새의 깃털이 움직이면 흩날리는 것과 같다.
雨, 羽也。如鸟羽动则散也。≪释天≫ - 동음자 해석의 예.

'公(공평할 공)은 廣(넓을 광)이다. 널리 베풀 수 있다.
公, 广也。可广施。- 쌍성의 예

'月(달 월)은 闕(모자랄 궐)이다. 가득차면 이지러진다는 것이다.
月, 阙也。满则阙[11]。- 첩운의 예

11 본래 阙(대궐 권)은 'què'로 발음할 때는 '대궐'을 의미하며, 阙quē는 缺quē(모

하지만 위의 예시에서 보는 것과 같이, ≪석명(释名)≫의 해석방식의 다양한 기준은 어떤 글자를 어떤 방식으로 해석해야 하는지 모호하게 만든다. 즉 위의 예시에서 '月'은 모양으로 설명을 하였지만, '日'은 '日, 宝也。光明盛实也。(해는 보석이다. 빛이 밝고 성대하여 가득 찬 것이다.)'처럼 의미로 해석하고 있다. 또 '兖州人谓泽为掌。(연주 사람들은 '泽'을 '掌'이라고 한다.)'라고 하여 '泽'을 '방언(方言)'으로 해석한 것도 보인다.

이상 앞에서 언급했던 고대중국어의 훈고학 저작은 다음과 같은 서로의 장단점을 지니고 있다. 먼저 ≪이아(尔雅)≫가 처음으로 한자의 의미를 상호 비교하여 설명하는 훈고(训古)의 시작이라고 한다면, ≪방언(方言)≫은 이름 그대로 중원지방의 각 방언을 비교하여 각각의 어휘에 대한 해석을 진행하고 있다. 또 ≪설문해자(说文解字)≫는 形(형체), 音(어음), 义(의미)를 동시에 고려하여 한자의 구조를 분석하였으며, ≪석명(释名)≫은 古今의 어음을 비교하여 의미를 파악함으로써 '성훈(声训:소리로서 뜻을 풀이)'이라는 새로운 방식을 창조하였다. 특히 ≪석명(释名)≫은 후세의 '우문설(右文说)'과 '음과 훈고'의 상관성을 주장하는 사람들의 '석명파(释名派) 훈고'를 탄생하게 하였으며, ≪이아(尔雅)≫와 ≪방언(方言)≫과 더불어 전통훈고학의 3대 저작으로 손꼽힌다.

자라다)와 의미가 같다.

제3강 기호의 인식과 문자학

일반적으로 언어가 먼저 있고 문자가 발명되었다고는 하는데, 문자가 발명되기 이전의 고대에도 언어를 대신해 자신의 생각을 전달했던 도화(图画:그림)나 물물교역 등에서 숫자를 대신했던 '결승(结绳)' 등의 다양한 부호가 존재하였다. 점차 이러한 부호들이 추상화되면서 문자(文字)기호가 탄생하였고, 우리가 언어교제에서 '음성(音声)'을 통해 발화된 언어가 가진 시간과 공간의 제약을 탈피하게 하였다. 물론 현대의 전화기나 녹음기와 같은 기기의 발명은 단순히 음성만으로도 정보의 전달에 따른 시공간 제약을 벗어나기는 했지만, 여전히 인터넷과 휴대전화 또한 문자의 그늘에서 완전히 탈피했다고 보기는 힘들다. 물론 최근에는 다양한 번역기의 보급으로 영어를 비롯한 제2외국어의 학습 또한 필요가 없다고 하는 사람들도 있다. 하지만 다국적 정보화시대에서 단순히 번역기에만 의존해서는 외국어가 표현하는 내용을 정확하게 이해할 수 없게 된다.

문자의 탄생은 인류 문명의 발전과 인간 생활에 지대한 영향을 미치고 있는데, 서로 다른 지방에 있는 사람들이 서로 문자를 통해 마음을 교환하거나 현대인이 옛사람의 사상, 경험 등을 보고 배울 수 있는 것 또한 문자의 힘이라 할 수 있다. 예를 들면, 공자는 수천 년 전의 사람이지만, 현대인들은 그의 언행을 기록한 ≪논어(论语)≫를 통해 그의 사상이나 정치적 주장을 살펴볼 수 있다. 뿐만 아니라, 중국의 기나긴 역사에서 나타난 수많은 문헌을 보존하고 있는데, 좌구명(左丘明)과 사마천(司马迁)의 역사저작이나 노자(老子), 순자(荀子), 한비(韩非), 손무(孙武) 등 철학에 관련된 저작을 현대인들이 볼 수 있게 해준다. 또 굴원과 두보, 이백 등의 문학가들이 남긴 다양한 시편(诗篇)이나, 조설근(曹雪芹)이나 포송령(蒲松龄), 노신(鲁迅) 등 많은 문학가들이 지은 소설(小说)을 볼 수 있는 것도 한자가 현대까지 전해지고 있기 때문이다.

언어학에서는 문자학(文字学)과 어음학(语音学)이 따로 존재하고 있지만, 시각기호인 문자(文字)와 청각기호인 어음(语音)을 언어의 형태적 측면에서 대비시켜 살펴본 것이다. 그래서 표음문자에서는 어음학을 중심으로 연구를 하게 되고, 표의문자에서는 문자학이 매우 중요한 역할을 하게 된다. 사실 서구로 전파된 중국의 철학사상이나 발명, 과학기술 등 동양을 대표하는 문화적 유산 또한 한자를 통해 이루어졌고, 반대로 , 세계의 철학, 과학, 기술, 문화, 문학 등의 저작도 한자로 번역됨으로써 중국인과 한자문화권의 사람들이 알 수 있게 되었다. 심지어, 문자로 기록된 내용을 통해 그 사람의 문자에 대한 이해 정도나 적어놓은 글의 논리성을 통해, 우리는 그 사람의 문화 수준을 파악할 수도 있게 된다.

1. 문자기호와 한자(汉字)

세계의 문자는 형성 원인에 따라 크게 '표의문자(表意文字)'와 '표음문자(表音文字)'의 두 가지 언어 유형으로 구분한다. '표음문자'는 말하는 그대로의 음성을 기호화한 어음(语音)을 기록하는 언어를 말하며, 한자로 대표되는 '표의문자'는 사물의 형상을 도상화(图象化)하여 기호로 활용하는 언어이다. 표음문자가 '어음학(语音学)'을 위주로 언어를 연구하는 것에 비해, 표의문자는 '문자학(文字学)' 혹은 '한자학(汉字学)'이라는 이름으로 도상화된 부호를 위주로 연구를 하게 된다. 그래서 한자는 단순히 발음을 이해하고 의미를 파악하는 표음문자와 달리 하나하나의 기호를 정확하게 읽어내고 쓸 줄 알아야 한다.

고대중국어에서는 우리가 현재 쓰고 있는 정자인 '번체자(繁体字)'를 사용하였으며, '부수(部首)'를 중심으로 한자의 의미를 파악하였다. 본래 '부수'는 앞에서 배웠던 허신의 ≪说文解字≫에서 주장된 것으로, 중국의 언어기호가 간체자로 바뀌기 전까지 사용되었다. 하지만 현대중국어에서 사용되는 간체자(简体字)는 부수를 통한 한자(汉字)의 분석이 쉽지 않으며, 한자를 구성하는 성분들의 구성관계를 다양한 부품으로 조합된 기계의 결합방식으로 분석을 진행하고 있다.

1) 부건(部件)와 획순(划顺)

현대중국어에서 사용되는 간체자(简体字)는 기존의 번체자처럼 부수의 형체가 명확하지 않아서, 한자구조를 마치 여러가지 부품으로 조합된 기계에 대비하여 '부건(部件)'이라는 명칭을 사용하고 있다. 하지만 의미를 가진 부호를 기계의 부품처럼 취급하는 것이 우리의 언어 사유와는 상당히 생경한 느낌이 들어, 한자를 구성하는 요소라는 의미에서 '자소(字素)'라고 부르기도 한다.

부건(部件)은 한자를 구성하는 요소들의 공간구조를 네모 중심으로 파악하여, 상하좌우(上下左右), 안팎(內外), 중심, 모서리 등의 각기 구성된 요소들을 8가지로 나누어 구분한다.

부건(部件)의 8가지 요소는 상하구조에서의 윗부분은 두(头: 宀 보개두), 아랫부분을 저(底: 廴 건자저), 좌우구조의 왼쪽을 방(旁: 亻 단인방), 오른쪽을 변(边: 卩 단이변)이라 하며, 중심부분을 심(心: 国 옥자심), 바깥부분을 광(框: 口 대구광), 상중하구조의 중심부분을 요(腰: 蕊 심자요), 모서리 부분을 각(角: 赢 월자각/범자각) 등이 있다. 이러한 8가지 부건으로 구성된 한자들은 각각의 '필획(笔划)'에 따른 일정한 순서로 글자를 쓰게 되는데, 한자 학습에서는 이러한 순서를 정확하게 지켜야 한다는 규칙을 제정하고 있다. 비록 한자의 형체는 바뀌었을지라도, 한자를 쓰는 방식은 번체자의 표기방식과 기본적으로 일치하고 있다. 여기에서 우리가 한자를 학습할 때 익히 알고 있는 '획순(划顺)'은 바로 필획(笔划)과 필순(笔顺)을 합친 표현이라는 것을 할 수 있다.

필획(笔划)은 한자의 구조를 분석하는 가장 작은 단위로, 글자를 쓰기 시작부터 끝날 때까지의 과정에서 생기는 선이나 점 등의 모든 구성부분을 가리킨다. 필획은 기본필획과 파생필획으로 나뉘는데, 기본필획은 横(一), 竖(丨), 撇(丿), 捺(㇏), 点(丶), 提(㇀) 등의 6가지가 있다. 먼저 횡(横:一)은 가로획을 나타내며, 수(竖:丨)는 세로획을 나타낸다. 별(撇:丿)은 왼쪽으로 삐쳐 쓴 것을 의미하며, 날(捺:㇏)은 오른쪽으로 삐쳐(파임) 쓴 것을 말한다. 그리고 점(点:丶)은 왼쪽 위에서 오른쪽으로 내려쓰며, 제(提:㇀)는 왼쪽 아래에서 오른쪽 위로 끌어올리는 듯이 쓴다.

또 한자의 복잡성과 더불어 두 개 이상의 기본필획이 결합하여 나타나는 확장필획은 먼저 횡과 절의 결합으로 꺾인 가로획인 '㇖'는 '횡절(横折)'이라 부르며, '횡별(横撇)'은 가로획의 횡과 삐침의 별이 만난 것으로 '水'의 왼쪽에 위치한 부건(㇇)이다. 또 '수구(竖钩)'는 세로획(竖)의 갈고리 형태인 '亅'를 가리키며, 별과 날이 만난 '巛'은 별날(撇捺)이라고 부른다.

필순(笔顺)은 글자를 쓰는 선후의 순서를 말하는데, 사람들이 오랜 기간의 경험을 통해 형성된 것으로 필순에 따라 한자를 쓰면 정확하고 바르게 쓸 수 있다. 중국의 어린이들이 처음으로 한자를 배울때는 엄격한 필순에 따라 각기 다른 획을 쓰는 법을 배우게 되는데, 한자를 쓰는 기본적인 필순에는 다음과 같은 네 가지 규칙이 있다. 첫 번째 규칙은 '三'자와 같이 구성된 한자는 '위에서 아래'의 순서로 쓴다. 두 번째 규칙은 '化'자와 같이 수평으로 구성된 글자는 '왼쪽에서 오른쪽'으로 쓴다. 세 번째 규칙은 '十'와 같이 가로와 세로가 교차되는 한자는 '가로획을 세로획보다 먼저' 쓰는 것이다. 네 번째 규칙은 '国'자와 같이 안과 밖으로 구성된 한자의 경우에는 먼저 '바깥쪽부터 쓰고 안쪽을 쓰되, 맨 아래쪽을 마지막'으로 쓴다.

이러한 필획의 학습은 한자를 제대로 알고 쓸 수 있게 해주며, 사전을 효과적으로 활용할 수 있게 해준다. 또 한자를 균형있게 쓸 수 있게 됨으로써, 서예에서도 글자를 좀 더 미학적인 예술의 경지로 올리도록 해준다.

2) 합체자(合体字)와 형성자(形声字)

현대중국어에는 두 개의 한자가 하나의 단어를 형성하는 이음절의 한자가 많은 부분을 차지하고 있는데, 고대중국어에는 일음절의 한자가 단어로 운용된 경우가 더 많았다. 하지만 일음절의 한자 또한 문(文)과 자(字)라는 독체와 합체의 구분이 있었다. 즉 상형(象形)이나 지사(指事)와 같이 분리될 수 없는 한 개의 문(文)으로 구성된 한자를 독체자(独体字)라고 하고, 회의(会意)나 형성(形声)과 같이 두 개 이상의 독체자가 합쳐져 하나의 한자가 된 것을 합체자(合体字)라고 한다. 이러한 한자의 조자법을 육서(六书)와 연결해 보면, 독체자(独体字)는 心 女 力 등과 같이 한 개의 최소 구성요소로 이루어진 한자를 들 수 있으며, 합체자(合体字)는 村 街 想 등과 같이 두 개 이상의 구성요소(한자)가 결합되어 완성된 한자가 여기에 해당한다. 한자의 결합방식은 육서(六书) 중의 회의와 형성의 방식이 많이 활용되었으며, 현대중국어의 70-80%의 단어 또한 형성(形声)의 결합방식으로 구성되어 있다.

합체자의 구조방식은 크게 좌우구조(明, 时, 秋 등), 상하구조(要, 员, 异 등), 포위구조(国, 屋, 可, 凶, 同등), 틀구조 등으로 구분하고, 다시 내부의 미세한 차이를 포괄하거나 혹은 나누어서 12개 혹은 23개의 구조로 나누기도 한다. 예를 들면, 좌우구조는 좌중우구조(班, 撤, 滩 등)를 포함하며, 상하구조에는 상중하구조(意, 案, 莫 등)를 포함할 수 있다. 포위구조는 완전포위구조(因, 固, 园 등)와 반포위구조(历, 巨, 区, 用 등)로 나눌 수 있으며, 또 반포위구조는 상좌포위, 상우포위, 하좌포위, 상삼면포위, 하삼면포위, 좌삼면포위 등으로 나눌 수 있다. 또 기타구조로는 '품(品)자와 유사한 구조를 구성하는 森(삼), 磊(돌무더기 뢰), 淼(물 아득할 묘)' 등의 삼각형구조나 '기(器)', '격(激)', 솔(率) 등과 같은 다양한 구조격식은 고대부터 유지되어 왔던 방형(方形)의 격자구조에 넣어 16개의 격식으로 귀납하기도 한다.

한자의 가장 많은 분량을 차지하고 있는 '형성자(形声字)' 중에는 '抹, 伸, 枫, 纸 등'과 같이 '形'이 좌측에, '声'이 우측에 오는 구조격식(左形右声)을 가진 것이 가장 많지만, 여전히 다양한 변칙이 존재한다. 예를 들면, '覩(左声右形), 竿(上形下声), 基(上声下形), 固(外形内声), 问(内形有声), 歲(上下形, 中间声→步+戌), 赖(左边和右上声, 右下形→剌+贝), 類(左下形, 左上和右边声→犬+頪) 등은 형성자의 소리부(声旁)가 변화를 거치면서, 현재는 소리부를 나타내는 자음표지(字音标志)를 구별하기 힘들다. 즉 현대 한자 중에서는 소리부가 자음을 정확하게 나타내는 것은 4분의 1에 불과하며, 그 나머지는 정확하게 표음을 하지 못하는 것이 현실이다. 예를 들면 '隹(새 추)'는 'zhui'로 발음되지만, 锥(zhui), 唯, 维, 惟(wei), 雖(sui), 推(tui), 進(jin), 淮(huai), 崔(cui), 堆(dui) 등에서처럼 이미 같은 성부를 가진 글자 중에서 많은 수의 한자가 이미 'zhui'음을 표시하지 못하고 있다. 또 다른 예로는, '台(tai)'를 성부로 하는 글자 중에서 怡(yí) 怠(dai), 殆(dai), 苔(tái), 治(zhì), 冶(yè), 笞(chī)에서 苔(tái)를 제외하고는 모두 본래의 음으로 발음되지 않는다.

3) 이체자(異体字)와 이독자(異读字)

고대 중국에서 처음으로 한자가 생성되었을 때에는 기본적으로 한 개의 한자가 하나의 의미를 지녔을 것으로 보이나, 오랜 세월 사회의 변천과정에서 점차 자형 변화와 의미 파생이 일어났을 것으로 추정된다. **이체자(異体字)**는 이형자(異形字)라고도 부르며, 둘 이상의 글자가 동일한 소리와 의미를 지닌 것을 말한다. 대표적인 예로 '窗'과 '窓'은 그 형체는 다르지만, 발음(chuāng)과 의미(창문)는 모두 동일하다. 이 외에도, 烟/菸/煙(담배 연), 翻/繙(뒤집다 번), 软/輭(연할 연), 污/汚(더럽다 오), 群/羣(무리 군) 등도 이체자에 포함된다.

이체자와는 달리, **이독자(異读字)**는 모양과 의미는 같으나 오히려 소리가 다르게 나는 글자를 말하며, '谁(shéi/shuí)', '熟(shú/shóu)', '跃(yuè/yào)', '血(xuè/xiě)' 등이 있다. 우리가 한국의 한자 사용에서 쉽게 볼 수 있는 예로는 '乐(樂)'은 '즐길 락', '좋아할 요', '풍유 악'의 세 개의 발음과 의미를 가지고 있으며, 중국어에서도 'le／yue／yao'의 세 가지 발음과 의미를 지니고 있다.

4) 동음자(同音字)

동음자(同音字)는 말 그대로 소리가 같은 글자를 말하는데, ① 모양과 소리는 같으나 의미가 다른 경우('打: 때리다/~으로부터)'와 ② 소리는 같으나 모양과 의미가 완전히 다른 경우(非, 飞, 菲, 妃, 啡, 蜚 등은 모두 발음이 'fēi'임)로 나눈다.

이 외에도 현대중국어 특히 북방 방언에서 많이 보이는 '儿化' 현상은 본래 독립된 한자가 음절의 일부가 되면서 어법 현상을 나타내는 성분으로 변화되었다. 한자 '儿'은 본래 '아이'

를 의미하고 있었으나, '花儿, 事儿, 玩儿, 歌儿, 本儿' 등과 같이, '儿(ér)'은 앞의 음절에 흡수되어 단음절어가 된다. 즉 두 개의 한자가 하나의 음절로 되어 하나의 단어를 구성하게 된다.

5) 고대한자의 서체

한자의 형태는 초기의 부호문자에서 갑골문(甲骨文), 금문(金文), 전서(篆书), 예서(隶书)를 거쳐 해서(楷书)의 형태로 변화되어 왔으며, 구체적인 형상부호에서 추상적인 기호형식으로 간략화되면서 발전되어 왔다.

우선 **갑골문(甲骨文)**은 기원전 14세기에서 11세기 상나라 후기까지 사용된 서체로, 한자의 원시적 형태를 보존하고 있는 그림문자로 회화성이 강하다. 상형, 지사, 회의자가 대부분을 차지하며, 글자의 크기나 형태가 일정하지 않은 것이 많다. **금문(金文)**은 청동의 종이나 솥(정:鼎)에 새겨진 글자로 '종정문(钟鼎文)'이라고 부른다. 갑골문을 토대로 발전된 서체로 주(周)나라를 시작으로 춘추전국 등의 청동기시대를 중심으로 사용된 서체이다. 갑골문에 비해 그림의 형상들이 선이나 부호로 변하였으며, 글자 모양도 커지고 일정한 모양으로 정형화되었다. **전서(篆书)**는 대전과 소전으로 구분되는데, **대전(大篆)**은 금문을 기초로 통일 전, 춘추전국시대의 진(晋)나라에서 통용되던 서체이다. **소전(小篆)**은 진전(秦篆)이라고 부르며, 진(秦)나라 승상 이사(李斯)가 당시 여러 제후국에서 사용하던 대전의 다양한 형체를 간화시켜 표준화한 서체이다. 진시황은 중국을 통일한 이후, '서동문(书同文)'정책을 통해 각 제후국의 다양한 서체를 소전(小篆)으로 규범화 하였다. 이때부터 한자체계가 비로소 통일되었으며, 고대한자에서 근대한자로 넘어가는 중요한 발판이 되었다. 하지만, 한자 통일의 근간이 되었던 소전은 진(秦)나라에서 서한(西汉)까지 잠시 통용되었을 뿐, 이후에는 예서(隶书)로 대체되었다.

예서(隶书)는 소전에서 변화 발전한 서체로 다음과 같은 특징을 지닌다. ①소전의 상형성이 부호화 되면서 여전히 곡선 형태를 지녔던 선들이 반듯하고 곧은 직선형으로 변하였다. ②필획이나 편방의 쓰임이 고정되었고, 글자형태가 수직사각형으로 정형화되었고, 더욱 간략해졌다. ③소전에서 여전히 통일되지 못했던 여러 형태의 이체자가 하나로 통일되었다. 해서(楷书)의 '楷'는 모범, 표준을 뜻하는 말로, 위진(魏晋)시대 이후로 오면서 규범화된 표준서체이다. 해서의 특징은 ①예서의 복잡한 서체가 좀 더 쓰기 간편해지고, 완만하고 다양한 갈고리 모양이 일률적으로 뾰족한 갈고리 모양(亅)으로 변하였다. ②예서에서 납작한 직사각형이 정사각형으로 변하였다. ③예서의 바깥으로 퍼진 모양이 안으로 모여진 형상으로 바뀌었다.

일반적으로 초서(草书)와 행서(行书) 또한 한자 서체의 발전과정에 넣기도 하지만, 정작 이 두 서체는 한자구조에 영향을 미치지 않은 보조적인 성격의 서체라 할 수 있다. 또 이 두 서체는 해서를 중심으로 비슷한 시기에 통용되었으며, 현재의 흘림체와 비슷한 경우라고 할 수 있다. 초서는 변화과정에서 약간의 서로 다른 특징을 가진 서체가 나타나는데, 대개 장초(章草), 금초(今草), 광초(狂草)의 순서로 발전되었다고 할 수 있다. 우선 '장초(章草)'는 여전히 예서의 구조와 형태를 지니면서 약간 흐트러진 정도였지만, '금초(今草)'에 이르러서는 해서를 기반으로 한 완전한 흘림체의 서체가 되었다. 이후 더 나아간 '광초(狂草)'는 이름 그대로 미친 듯이 흘려서 쓴 서체로, 웬만한 사람들은 알아보기 힘든 서체가 되었다. 그리하여 실용적인 측면에서 탄생한 행서(行书)는 해서와 금초의 중간 형태를 취하고 있으며, 초서에 비해 어느 정도 일정한 규칙성을 지녀 실용적 가치를 가진다.

6) 현대한자의 서체

현대한자의 서체는 '필기체'와 '인쇄체'로 구분한다. 필기체는 붓이나 필기구를 사용해서 직접 손으로 쓰는 것을 의미하며, 해서, 초서, 행서를 많이 쓴다. 인쇄체는 인쇄업의 발전과 컴퓨터의 보급으로 발전한 서체로, 송체(宋体), 방송체(仿宋体), 해체(楷体), 흑체(黑体)로 구분한다.

송체(宋体)는 송대(宋代)에 유행한 글씨체로 노송체(老宋體)라고도 하며, 필획이 세로는 두껍고 가로는 가는 서체로, 글자 모양이 네모반듯하여 일반서적이나 신문잡지 등에서 광범위하게 쓰인다. **방송체**(仿宋体)는 송체에 해체의 필법이 가미된 서체로, 중화민국 초기에 송대 각본(刻本)을 본떠 만든 인쇄활자체이다.[12] 해체(楷体)는 활체(活体)라고도 부르며, 한글에서는 해서체 혹은 궁서체 등으로 사용된다. 필체가 유연하고 둥근 모양으로 저작 등의 도서나, 초등학교, 중학교 교과서 등 아동도서에 많이 쓰인다. 흑체(黑体)는 방두체(方頭体) 혹은 볼드체(bold)라고도 하며 고딕체에 해당한다. 필획이 두껍고 가로 세로의 굵기가 같다. 대개 신문이나 잡지의 표제어, 혹은 광고, 표어 등에 많이 쓰인다.

12 명대(明代)에도 仿宋体가 만들어졌다고 하나, 중화민국의 방송체와는 다르다고 한다.

제4강 불교의 전래와 성운학(声韵学)

고대중국의 언어연구가 문자학이나 훈고학에 치우쳐 발전하게 된 것은 중국어의 표기문자인 한자가 의미를 그림으로 상징화하는 표의문자(表义文字)였기 때문이다. 위진(魏晋)시대에 처음으로 불교가 전래되기까지 어음과 관련된 연구는 거의 없었으며, 불교의 전래는 표음문자(表音文字)를 사용하는 인도의 산스크리트어의 전파와 더불어 외국과의 문화교류가 활발해짐에 따라 어음연구의 필요성이 대두되었다. 이러한 현상은 당시 음운학을 연구한 많은 학자들이 스님이었다는 사실에서 잘 드러나고 있으며, 이후 명대(明代)까지 성운학(声韵学)에 관한 연구가 꾸준히 이어진다.

1. 표음법(表音法)과 사성(四声)의 인식

고대중국어에서도 자형(字形)연구 이외에 '표음(表音)'에 관련된 내용도 보이는데, 대개 문자학이나 훈고학의 저작으로 알려지는 ≪설문해자(说文解字)≫나 ≪석명(释名)≫ 등의 사전적인 저작에서도 이미 어음학과 연관된 '가차(假借)'나 '비황(譬况)' 등과 같은 독음법(读音法)이 사용되고 있었다. 우선 ≪설문해자(说文解字)≫에 보이는 '从某, 某亦声, 某省声' 등이 대표적인 '비황(譬况)'의 예이며, 또 육서법에 보이는 '가차(假借)'는 '某之言某也, 从某曰某曰某, 某读曰某, 某读如某某之某, 某古某字, 古声某某同' 등 다양한 방법으로 묘사되고 있다. 이외에도, '외언(外言), 내언(内言), 급언(急言), 서언(徐言), 독약(读若)' 등 다양한 어음관련 용어들이 사용되었으나, 고음(古音)과 금음(今音)의 차이로 인해 어음의 '경중청탁(轻重清浊)'[13]을 명확하게 구별할 수는 없었다. 다만 상고(上古)시대의 어음학과 관련된 전문용어를 정리해 보면, 다음과 같은 것들이 있다.

첫째, **'독약(读若)'**은 고대의 주음부호(注音符号)이며, ≪설문해자(说文解字)≫에 '순은 선으로 읽는다(珣读若宣)'가 대표적인 예이며, **'读如'** 혹은 **'读为'** 라고도 한다.

둘째, **'직음(直音)'**은 발음이 같은 다른 글자의 음을 표시한 것으로, '畢(필)의 음(音)은 必(필)이다.' 혹은 '畔(반)의 음(音)은 叛(반)이다.' 등과 같이 표시된다.

셋째, **'반절(反切)'**은 쌍성(双声:성모가 같은 것)과 첩운(叠韵:운모가 같은 것)의 방법을 이용하여 음을 표시하는 것으로, '冬dong = 都d(u) + 宗(z)ong'와 같이 반절상자(反切上字:d)와 반절하자(反切下字:ong)를 연결하여 'dong'이란 음을 만들어내었다. 특히 '반절주음법'의 탄생으로 '음의류(音义类)'의 운서(韵书)가 나타나기 시작했는데, 대표적인 운서로는 진

---

13 경중은 억양, 강세, 성조(声调) 등과 관련이 있으며, 청탁은 현대어음학의 무성음과 유성음의 구별로 대별할 수 있다.

(晋) 이충(李充)의 ≪주역음(周易音)≫과 서막(徐邈)의 ≪고문상서음(古文尚书音)≫ 등 70여 가지가 출현하였다.

2. 운서(韵书)의 발전 – 남북조(南北朝)에서 송대(宋代)까지

고대중국어에서 운서(韵书)의 편찬은 어음을 구체적으로 분석한다기보다는, 당시 사람들이 운문(韵文)이었던 시부(诗赋)를 짓는데 유용하게 쓰기 위함이었다. 앞에서 불교의 영향이 컸다고 했지만, 시(诗)를 비롯한 운문(韵文)의 작업과정에는 반드시 필요한 것이 운(韵)을 맞추는 것이었었다. 이 시기의 주요 운서로는 魏晋(위진)시대 이등(李登)의 ≪성류(声类)≫, 여정(吕静)의 ≪운집(韵集)≫을 비롯하여, 수(隋)나라 육법언(陆法言)의 ≪절운(切韵)≫과 왕인후(王仁煦)의 ≪간류보결절운(刊谬补缺切韵)≫이 있다. 또 당(唐)나라 손면(孙愐)의 ≪당운(唐韵)≫과 이주(李舟)의 ≪절운(切韵)≫ 등도 대표적인 운서이다.

먼저 수(隋)나라 육법언(陆法言)이 지은 ≪절운(切韵)≫은 전대(前代)의 운서를 계승하면서 후대에 가장 많은 영향을 끼친 운서로, 이후에 이러한 유형의 운서를 '절운계(切韵系)운서'라고 부른다. 모두 5권으로 12,000여 글자가 수

록되어 있으며, 평성 54개, 상성 52개, 거성 57개, 입성 32개가 모여 총 195운을 형성하고 있다.

송(宋)나라의 운서로는 최초로 관청에서 편찬한 ≪광운(广韵)≫이 있는데, 본래의 명칭은 ≪대송중수광운(大宋重修广韵)≫이다. ≪광운(广韵)≫은 모두 5권이며, 26,194자를 수록하고 총206운으로 구성되어 있다. 평성자가 상, 하(上下) 두 권으로 나뉘었고, 上平은 28운, 下平은 29운이다. 上声은 55운, 去声60운, 入声34운이며 각각 1권으로 구성되어 있다.

송(宋)나라의 또 다른 운서인 ≪집운(集韵)≫은 정도(丁度)등이 칙령을 받고, ≪광운(广韵)≫을 수정, 보완하여 만든 것이다. 총 10권으로 平声이 4권, 上声, 去声, 入声이 각각 2권으로 구성되어 있으며, 수록된 글자는 53,525자로 ≪광운(广韵)≫의 두 배가 되었다.

3. 운서(韵书)의 개혁 – 금, 원, 명대(金, 元, 明代)까지

운서가 출현했던 수대(隋代)의 ≪절운(切韵)≫에서 ≪예부운략(礼部韵略)≫에 이르기까지 193운에서 206운으로 확대가 되었지만, 정작 당시 실제 사용되는 음을 반영하지 못하였다. 즉 대부분의 운서가 ≪절운(切韵)≫의 분류기준('절운계운서'라고 칭함.)에 따라 구성되다 보니 운의 배열이 실제의 음과는 차이가 있어,

운서를 분류하는 기준에 대한 개혁의 필요성이 역설되었다.

먼저 금(金)나라에서 편찬된 ≪**오음집운**(五音集韵)≫은 한도조(韩道昭)가 이러한 개혁의 염원을 담아 편집한 최초의 운서이다. 비록 송대(宋代)의 ≪광운(广韵)≫과 ≪집운(集韵)≫을 저본으로 삼고는 있지만, 절운계운서에서 확대되었던 206개의 운부(韵部)를 160개로 병합하였다. 또 체제(体制)면에서는 36자모(字母)에 따라 배열을 하였고, 성류(声类)를 분류하여 매 성류마다 개합(开合)의 구별이 있도록 하였다. 특히 성류의 분류는 이후 등운학(等韵学)의 연구가 흥기하는 계기가 되었다.

두 번째 원(元)나라 초기 웅충(熊忠)이 지은 ≪**고금운회거요**(古今韵会举要)≫는 송말(宋末) 왕공소(王公绍)가 지은 ≪고금운회(古今韵会)≫를 107운으로 병합한 것으로, 매 부(部)의 글자를 7音, 4等, 36字母의 순서에 따라 배열하였다. ≪고금운회거요(古今韵会举要)≫는 형식적인 측면에서 전통적인 분류 방법을 택하고 있으나, 다만 운류(韵类)와 성류(声类)를 나누는 기준이 당시에 사용되고 있던 어음(语音)을 참조하고 있다는 점에서 가치를 가진다.

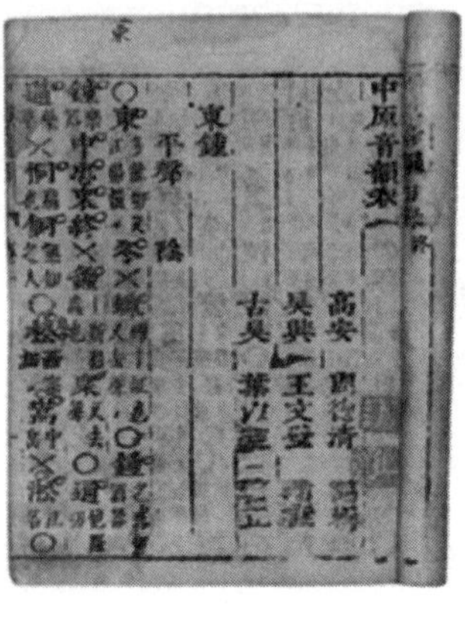

세 번째 원(元)나라 주덕청(周德清)의 ≪**중원음운**(中原音韵)≫은 정통 운서에 대한 과감한 혁신이 이루어졌으며, 북음(北音)운서의 창시작이라고 할 수 있으며, 운서(韵书)의 제제는 전권(前卷)

과 부론(附论)의 후권(后卷)으로 구성되어 있다. 또 세부적인 내용면에서는 원대 북곡(北曲)의 용운(用韵:운의 운용방식)에 근거하여 19부로 귀납하였으며, "平分阴阳, 入派三声"이라는 학설을 주장하였다. 그리하여 각각의 글자를 음평(阴平), 양평(阳平), 상성(上声), 거성(去声)의 4성으로 분류하고, 입성(入声)을 따로 양평, 상성, 거성의 3성에 편입하였는데, 현대중국어에서 사용되는 음평(1성). 양평(2성), 상성(3성), 거성(4성)이 이때부터 정착되었다고 할 수 있다.

네 번째 명(明)나라 홍무(洪武)8년에 편찬된 ≪홍무정운(洪武正韵)≫은 악소봉(乐韶凤) 등 11명이 칙명을 받들어 만든 관청 주도의 운서로, 간략히 ≪정운(正韵)≫이라고도 부른다. 이 운서의 편찬목적은 '중원(中原)의 표준음(雅音)'을 정하기 위해서 만들었다고 했지만, 정작 이들의 목적을 실현하기에는 많은 제약이 있었다. 먼저 황제의 칙명으로 관청에서 주도를 하였으나, 아직 도읍을 북경(北京)으로 옮기기 이전이었기 때문에 '중원(中原)'이라는 곳이 어떤 지역을 지시하는지 명확하게 설정되지 않았다. 둘째, 편찬자 중에는 북방인은 몽고인 한 사람밖에 없었으며, 모두 남방인으로 구성되었다는 점이다. 그렇지만 ≪홍무정운(洪武正韵)≫은 이전의 운서들을 귀납하여 모두 76부로 분류하였다는 점에서 그 가치를 부여할 수 있다.[14] 특

14 평성, 상성, 거성이 각각 22부이고, 입성이 10부로 구성되어 있다.

히 ≪홍무정운(洪武正韵)≫은 한국에서 중국어 표준음을 잡는 기본 지표로 사용되었으며, ≪홍무정운역훈(洪武正韵译训)≫은 세종31년(1443) 신숙주 등이 한글로 번역한 책이다. 또 ≪사성통고(四声通攷)≫(세종)와 ≪사성통해(四声通解)≫(중종12) 등도 중국어의 다양한 음을 한글로 표시한 것으로, 모두 ≪홍무정운(洪武正韵)≫을 기초로 하고 있다.

제5강 음성기호와 어음학(语音学)

우리가 외국어를 학습하면서 익히는 개별언어의 발음체계와 전 세계가 함께 사용하는 국제음성기호(IPA)는 모두 음운학 연구를 거쳐서 얻은 결과로써, 인간이 말하는 모든 언어는 우리가 귀로 듣는 소리인 음성과 그 음성을 통해 알게 되는 내용인 의미가 상호 결합된 상태로 나타난다. 현대언어학에서는 음성(音声)과 의미(意味)를 각각의 분야로 나누어 연구하고 있다. 이 중에서 음성을 연구하는 '어음학(语音学)'은 화자가 청자에게 정보를 전달하는 과정에서 나타나는 음성을 기호화하여 연구를 진행하게 되며, 화자 개개인의 음성차이와 전체 모국어 화자들이 공유하는 어음체계를 연구하게 된다. 대개 서로 다른 언어나 각각의 화자가 발음하는 음성의 차이점에 초점을 둔 음성학(音声学: phonetics)은 말소리를 자연과학의 관점에서 발음의 생성, 전달, 청취 과정을 관찰하는 것을 주목적으로 하며, 개개인의 음성 차이에 초점을 두고 연구한다. 이와 반대로, 음운학(音韵学: phonology)은 각각의 언어가 서로 소통될 수 있는 음성의 공통점에 초점을 두고 연구를 진행하여 체계성을 가진 규칙을 정립하고, 언어를 사용하는 사람들이 공통으로 인식하는 추상적이고 개괄적인 말소리의 음운체계와 그 역사적 변천을 연구한다고 할 수 있다.

1. 음성학(音声学)

음성학(音声学)에 대한 연구는 아마도 바람소리, 천둥소리 등 자연의 소리와 동물의 소리, 그리고 인간의 소리가 왜 다르며, 어떻게 소리가 형성되는가에 대한 의문에서 시작되었을 것으로 보인다. 이러한 의문은 현대 과학의 발전으로 음성테스트기가 발명되면서 사람마다 각자의 색깔을 가진 발음이 존재한다는 것을 밝혀냈다. 그리하여 우리가 친한 사람의 목소리를 듣고 그가 누구인지를 인식할 수 있듯이, 음성테스트기는 전화기 속의 다양한 사람의 음성을 분석하여 특정 인물을 찾아낼 수 있게 된 것도 음성학 연구의 힘이라고 할 수 있다.

1) 어음의 형성과 생리학적 특징

우선 어음의 생리적인 특징은 크게 '호흡기관(呼吸器官)', '발성기관(发声器官)', '공명기관(共鸣器官)'의 세 단계로 구분하여 설명하게 된다. 어음의 형성과정을 좀 더 세밀하게 살펴보면, 우리가 말을 할 때 생성되는 음성은 폐(허파)에서 나온 공기가

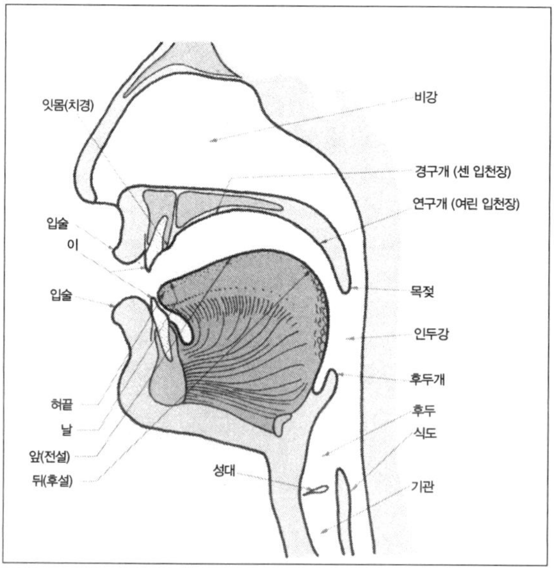

발음기관

후두를 거쳐나오면서 성대를 울리게 되고, 다시 구강(입안), 비강(콧속) 등에서 공명(共鸣)이 일어나 소리가 증폭된다. 폐를 나온 공기가 입을 통해 외부로 나가는 과정에는 구강 안의 입천장과 입술 등 다양한 부위와 혀가 공조하면서 음성의 차이가 드러나는 것이다.

첫 번째, 호흡기관(呼吸器官)은 발음과정에서 형성되는 기류를 만드는 기관으로, 기류를 공급하는 폐와 기류를 전달하는 기관(氣管)으로 구성된다. 폐는 호흡기관의 기류를 발생시키며, 폐를 통해 공급된 기류는 후두→성대→구강(입안)/비강(콧속)을 거치면서 소리가 나온다. 구강(口腔)과 비강(鼻腔)을 구분한 것은 우리가 콧소리라고 말하는 '비음(鼻音)'은 폐에서 나온 기류가 마지막으로 발출되는 기관이 비강(鼻腔:콧속)이기 때문이다.

두 번째, **발성기관**(发声器官)은 우리가 피리를 불 때 나타나는 현상과 같이 공기와 공기 통로의 변화를 통해 음파의 진동을 형성하여 소리가 나게 하는 기관으로, 후두와 성대(声带)로 구성된다. 성대(声带)는 후두의 중간 부분에 있는 탄력성이 강한 얇고 긴 근육의 막으로, 양 끝에는 갑상연골과 피열연골에 연결되어 두 근육 사이에는 공기가 빠져나가는 통로인 성문(声门)이 있다. 이 성문을 여닫는 동작을 통해 공기 저항의 크기가 다르게 나타나며 성대의 진동에 변화가 생기게 된다.

세 번째, **공명기관**(共鸣器官)은 구강이나 비강이 가지는 동굴효과를 내는 곳으로, 성대를 진동시켜 소리를 증폭시키거나 변화를 일으키는 기관이다. 구강(口腔), 비강(鼻腔), 인강(咽腔), 후강(喉腔)[15]으로 구성되어 있다. 하지만, 일반적으로 소리를 구별할 수 있는 곳은 마지막으로 기류가 배출되는 비강과 구강에서 여러 가지 변화가 발생하기 때문에, 인강(咽腔)이나 후강(喉腔) 등은 거의 언급되지 않는다. 예를 들어, 콧소리인 비음(鼻音:m/n/ng)은 배출되는 기류가 비강으로 배출되면서 비강에서 공명이 강하게 일어난다.

---

15 대개 '인강'과 '후강'을 합하여 '인후강'이라고 하며, 의학에서 '인후염(咽喉炎)'은 이곳에 염증이 생기는 것을 말한다.

2) 어음(语音)의 물리학적 특징

자연계의 소리는 외부의 힘에 의한 물체의 진동으로 인해 파장(波长)이 발생하게 되는데, 물체의 진동은 사물 주위에 있는 공기를 진동하여 음파(音波)를 만들어 낸다. 즉 화자가 만들어 낸 음파가 공기라는 매개체를 통해 일정한 파장을 형성하여 청자에게 전달되고, 다시 청자의 귀에 전달된 파장이 귀속 고막을 자극하면 청각신경이 반응을 일으켜 소리를 인식하게 된다. 음파는 파도의 흐름과 같이 파장이 크면 소리가 크게 들리고, 파장이 작아지면 소리는 잘 들리지 않게 된다. 인류의 언어를 전달하는 음성 또한 자연계의 소리와 비슷하게 생성되며, 모든 소리는 음파의 진동에 따른 주파수의 차이로 인해 장단, 강약, 고저, 음색의 차이를 가지게 된다. 음성의 물리적 특징은 '음의 길이(音长)', '음의 세기(音强)', '음의 높이(音高)', '음의 색깔(音色)'의 네 가지 구성 요소에 대한 상호 비교를 통해 구체적으로 인식된다.

첫 번째, **음고(音高: 음의 높이)**란 소리의 높낮이(高低)를 의미하며 주파수[16], 즉 음파의 진동 횟수가 많고 적음(多少)에 의해

16 전파가 공간을 이동할 때 1초 동안에 진동하는 횟수를 '주파수'라고 한다. 주파수는 전자파의 존재를 실험적으로 증명한 독일의 과학자 헤르쯔(H.R.Hertz)의 이름을 따서 Hz라는 단위를 사용한다. 즉 파동이 1초 동안 1번 진동하면 이를 1Hz(헤르쯔)라 하고, 1천 번 진동하면 1KHz(킬로헤르쯔), 1백만 번 진동하면 1MHz(메가헤르쯔), 10억 번 진동하면 이를 1GHz(기가

결정된다. 즉 주파수가 높으면 일정 시간 내의 진동수가 많아져 소리가 높아지며, 반대로 진동수가 적을수록 소리는 낮아진다. 이러한 음고(音高)는 발음체의 진동 속도와 발음체의 형태, 그리고 사람의 성대 길이와 두께, 근육이 조이는 정도 등과 밀접한 관련이 있다. 중국어의 성조(声调)가 여기에 해당한다.

두 번째, 음강(音强: 음의 세기)은 음의 강약을 의미하며, 소리의 강약으로 인한 발음체의 진동폭이 크기와 관련이 있다. 소리의 강약과 진동폭의 크기는 정비례하며 진동폭이 크면 소리가 강해지고, 진동폭이 작으면 소리는 약해진다. 영어의 악센트나 어조(语调) 등이 이에 해당한다.

세 번째, 음장(音长: 음의 길이)은 소리의 길고 짧음을 나타내는데, 발음체의 진동이 지속하는 시간의 장단으로 결정된다. 진동의 지속시간이란 발성할 때에 날숨이 얼마만큼 연속적으로 유지되고 있는가를 나타내는데, 지속시간이 오랫동안 유지되면 소리가 길어지고, 지속시간이 짧으면 소리 또한 짧게 끊어진다. 한국어의 동음어 눈(目)/눈(雪), 발(足)/발(簾), 일(一)/일(事) 등은 장단에 의해 의미를 구분하게 된다.

네 번째, 음색(音色: 음의 특징)은 특정 개인의 목소리가 다른 사람과 구별되는 고유의 색깔을 가지고 있다는 것을 의미

헤르쯔)라고 한다. 전파의 파장은 주파수에 반비례 한다. 즉 파장이 길다(장파)라는 의미는 주파수가 낮다는 의미이고 파장이 짧다(단파)는 것은 주파수가 높다는 의미이다.(출처: 시사용어사전, 2005)

하며, '음질(音质)' 혹은 '음품(音品)'이라고 부른다. 음색은 음파가 진동하는 형식에 의해 결정되는데, 발음체, 발음방법, 공명기관 등의 다양한 형식을 통해 결정된다. 현대 과학이 발명한 음성테스트기를 통해 사람들은 같은 음고와 주파수를 가지고 있지 않다는 것이 증명되었으며, 비록 쌍둥이라고 하더라도 음색은 다르게 나타난다고 한다. 그리하여 최근에는 이러한 음색의 차이를 활용하여 보이스피싱 등의 범죄를 저지르는 범인 체포에 유용하게 활용되기도 한다.

2. 음운학(音韵学)

음운학(音韵学)은 음운론(音韵论)으로도 불리며, 음절을 구성하는 자음과 모음의 구조체계를 분석함으로써 특정 언어의 공통된 어음체계를 밝히는 학문이다. 우리가 외국어를 배우면서 처음으로 익히게 되는 발음기호, 즉 자음(子音:consonants)과 모음(母音:vowels)이 어떠한 음소(音素:phoneme)결합을 통해 음절(音节)을 구성하는가를 알게 해준다. 음절(音节)이란 우리가 일상생활에서 사용하는 가장 작은 어음의 단위를 말하는데, 화자와 청자가 대화할 때 필요한 문장을 구성하는 가장 최소한의 구성 요소가 된다. 예를 들어, 현대중국어에서 '去(가다)'는 자음 'q'와 모음 'u'가 만나 'qu'라는 일음절의 단어를 형성하며,

'开车(운전하다)'는 'kai'와 'che' 두 개의 음절이 하나의 단어를 구성한다. 최근에는 문화의 발전과 외국과의 교류 등으로 인해 그 이상의 음절로 구성된 단어가 많아지고 있는데, '服务员'은 'fu'+'wu'+'yuan'의 삼음절로 구성된 단어이며, 심지어 '奥林匹克运动会'는 'ao+lin+pi+ke+yun+dong+hui'라는 7개의 음절로 하나의 단어를 구성하고 있다.

다시 각 음절은 더 작은 음의 단위인 음소(音素), 즉 자음(子音)과 모음(母音)으로 구분되는데, 앞에서 언급한 '운전하다'의 '开车'는 'k, a, i, ch, e'의 5개 음소로 나누어진다. 물론 중국어에서는 음소를 자음과 모음으로 구분하지 않고, 성모(声母)와 운모(韵母)로 구분하고 있다는 점도 잊어서는 안 된다.

1) 음절(音节)과 음소(音素)

음절(音节:syllable)은 언어수행의 과정에서 쉽게 구별할 수 있는 발음의 최소 단위이다. 중국어의 표기 수단인 한자는 기본적으로 하나의 글자가 하나의 음절로 구성되어 기본적인 의미 분별이 가능하며, 하나의 음절은 성모, 운모, 성조의 세 가지 구성 요소로 나누어진다. 먼저 성모(자음)는 하나의 자음만으로 구성되어 복자음이 없으며, 성모가 없이 구성된 음절을 '영성모(零声母)음절'이라고 한다. 운모는 운두(韵头), 운복(韵腹),

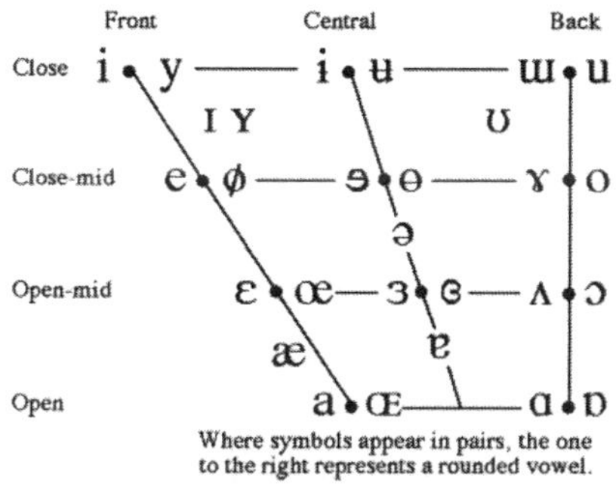

국제음성기호의 모음사각도

운미(韵尾)의 세 가지 구성 요소로 나누어지며,[17] 음절의 구성에서 반드시 있어야 하는 음소는 운복(韵腹)으로 '주요모음'이라 부른다. 또 중국어의 음절에는 음평(제1성), 양평(제2성), 상성(제3성), 거성(제4성)의 네 개 성조가 있으며, 다만 조사, 접사 등과 허사(虚词)에는 기본 성조 표기가 없는 '경성(轻声)'이 있다.

중국어에서 음절(音节)은 글자 하나가 음절 한 개가 된다고 할 수 있는데, 예를 들면, '你好!'는 [nǐhǎo]로 표기하며, nǐ와 hǎo는 각각 하나의 음절이 된다. 음소(音素)는 음절을 구성하는 각각의 자음과 모음, 즉 n, i, h, a, o의 5개가 여기에 해당한다. 표준중국어인 보통화를 구성하는 21개의 성모(자음)와 39개의 운모(모음)를 분절음(segmental phones)[18]이라 하고, 성조는 초분

---

17 언어학적 관점에서 접근해 보면, 표준중국어의 음절구조는 '어두자음(성모)', '개음(운두:중간과도음:on-glide), '주요모음(운복)', '음절말음(운미, 과도음:off-glide)', 그리고 초분절적(super-segmental)인 성조로 구성된다.

18 음절(音节)을 자음(字音)이나 모음(母音)으로 분리(分离)할 수 있는 음으로,

절음(suprasegmental phoneme)이라고 한다.

중국어의 음절을 구성하는 21개의 성모와 39개의 운모가 결합하여 만들 수 있는 음절의 수는 400여 개가 되고, 다시 각각의 음절마다 4개를 성조를 부여하면 모두 1,600개의 음절을 형성할 수 있다. 하지만 현재 중국어에 사용되고 있는 음절의 수는 제한적이며, 또 모든 음절에 성조가 존재하는 것이 아니기 때문에 대략 1,300여개의 음절을 활용하고 있다. 전통적인 중국어의 음절구조는 아래의 표와 같이 '성모'와 '운모', 그리고 '성조'의 관계를 설명한다.

<table>
<tr><th>음절</th><th>성모</th><th>운모</th><th>성조</th></tr>
<tr><td rowspan="2">江(강)</td><td rowspan="2">j</td><td>운두 + 운복 + 운미</td><td rowspan="2">1성</td></tr>
<tr><td>i + a + ng</td></tr>
<tr><td>문자</td><td colspan="2">분절음(jiang)</td><td>초분절요소</td></tr>
</table>

표준중국어의 발음체계인 한어병음(汉语拼音)은 현재 중화인민공화국(중국)에서 공식적으로 채택된 로마자화 표기법으로, 국제음성자모(International Phonetic Alphabet, IPA)와 대비해서 살펴보면 다음과 같다. 즉 보통화에서 성모는 모두 단자음(C)으로 구성되며, 운모는 'M'으로 표시한다. 다시 운모 'M'은

'사'는 ㅅ, ㅏ의 2음절로, '감'은 ㄱ, ㅏ, ㅁ의 3음절로 나누어지며, '삶'은 ㅅ, ㅏ, ㄹ, ㅁ의 4음절(音節)로 나눌 수 있다. 중국어의 성모는 영성모를 포함시켜 22개라고 표시되기도 한다.

선택성의 개음(운두:P)과 개음 뒤에는 주요모음 V가 오고, 마지막으로 선택적 단모음이나 선택적인 비음자음(N)인 'n'이나 'ng'가 온다. 따라서 현재 표준중국어의 음절구조는 '(C)+M[(P)V(v)(N)]'으로 구성되며, 대개 초급중국어나 회화교재에서도 이와 같은 방식으로 설명하는 것을 볼 수 있다.

2) 성모(声母:자음)의 분류

'성모(声母)'는 일반 표음문자에서 자음(子音)에 해당한다고 할 수 있으나, 중국어에서는 음절구조에서 가장 앞자리에 위치하는 선택적 자음을 말한다. 즉 '자음'이라는 용어를 쓰지 않는 것은 중국어 음절에서는 운모가 모음(母音)으로만 구성되는 것이 아니라, 운모 내부에 운미 자리에 'n'과 'ng[ŋ]' 두 개의 자음이 포함되어 있기 때문이다. 중국어의 성모는 한국어의 자음과 그 발음 방법에서 약간의 차이가 있으며, 이러한 차이는 발음 부위와 발음 방법의 차이에 의해서 구분된다. 따라서 중국어의 성모를 정확하게 발음하기 위해서는 약간의 음운학적 지식을 통해, 한국어와 어떻게 다른지를 파악하는 것도 중요하다.

(1) 발음부위에 의한 분류

현대 언어학에서 앞에서 언급했던 국제음성기호에 근거하여 대부분의 언어들이 라틴자모 혹은 영어 알파벳을 음운 표기로 사용하는 경우가 많은데, 비록 같은 알파벳 기호를 사용한다고 하더라도 언어마다 서로 다른 음가를 지니는 경우가 있으니 주의해야 한다. 또 같은 발음기호라도 '발음 부위'나 연결되는 다른 음과의 결합과정에서 변음(变音)이 생기기도 한다. 여기서 말하는 '발음부위'란 폐에서 나온 공기가 목구멍에서 구강을 거쳐 입 밖으로 배출되기까지 구강 내부에서 공기의 마찰이 일어나는 부분을 말하는데, 이러한 발음부위의 차이로 인해서 우리는 서로 다른 음성을 구별할 수 있게 된다.

㉠ 양순음(双唇音): 두 입술을 붙였다가 순간적으로 터뜨리면서 공기가 입술부분에서 강한 저항을 받게 하는 소리로 'b, p, m'이 있다. 이 발음과 유사한 한국어의 'ㅂ, ㅍ, ㅁ'는 중국어보다는 강한 저항을 받지는 않고 비교적 가볍게 발음되기 때문에 'f' 음으로 오해받는 경우가 있으며, 한국어의 경음화 현상처럼 발음하는 것이 비교적 가깝다고 할 수 있다.

㉡ 순치음(唇齿银): 윗니를 아랫입술에 살짝 갖다 대면서 나는 소리로 'f'가 있다. 사실 중국어에서도 북경어가 속하는 북방방언에 있으며, 남방방언에서는 여전히 한국어처럼 'h'처럼 발음하는 경우가 많다.

㉢ 치경음(舌尖中音): 혀끝과 윗잇몸이 경구개에 맞닿아 나는 소리로, '경구개음'이라고도 하며 'd, t, n, l'가 있다. 특히 [l] 음은 중국어에서는 '변음(边音)'이라고 하며, 배출되는 공기

가 혀 옆으로 나간다고 하여 '설측음(舌側音)'으로 따로 분리하기도 한다. 한국인 학습자들은 'r'발음과 유사하게 내는 경향이 있으니, 혀를 정확하게 입천장에 붙였다 때면서 발음하는 것이 중요하다.

㉣ 설근음(舌根音): 혀뿌리의 깊숙한 곳에 공기를 가두어서 내는 소리로, 'g, k, h'가 있다. 한국어의 'ㄱ, ㅋ, ㅎ' 음은 중국어보다는 앞에서 나며 '설후음(舌后音)'에 속하기 때문에, 한국인 학습자들은 좀 어색하더라도 구강의 좀 더 깊은 곳으로 넣고 힘주어 발음하는 것이 효과적이다.

㉤ 설면음(舌面音): 혓바닥이 입천장에 닿아서 나는 소리로, 'j, q, x'가 있다. 다음에 이어지는 운모는 [i](이)나 [ü](위)로만 시작되며, 한국어 '지, 치, 시'와 유사하게 발음하면 된다. 이와 대조적인 발음인 아래의 권설음이나 설치음의 'z, c, s, r' 계열의 음은 [i](이)나 [ü](위)음과는 만나지 못한다는 점을 숙지하면 비교적 구별이 쉽다.

㉥ 권설음(舌尖后音): 혀끝이 입 안쪽으로 말려들면서 구강의 뒤쪽에서 나는 소리로, 'zh, ch, sh, r'가 있다. 혀를 먼저 말아서 발음하는 것이 아니라, 혀를 구강 안쪽으로 당겨넣는다는 기분으로 발음을 하면 된다. 권설음의 성모 뒤에 나타나는 [i]는 'j, q, x'와는 다르게 [ɨ](으)로만 발음이 되니까 주의해야 한다.

㉦ 설치음(舌尖前音): 혀끝과 치아가 닿아서 나는 소리로, 'z, c, s'가 있다. 이 발음 또한 권설음과 같이 'zi, ci, si'의 경우에는

한국어 'ㅈ, ㅊ, ㅅ'처럼 읽어야 하며, 'j, q, x'와는 다르게 [ɨ](으)하고만 직접 만나게 되니 주의한다.

(2) 발음방법에 의한 분류

'발음방법'은 앞에서 언급했던 '발음부위'와도 상호 연계되어 나타나는데, 입의 모양(원순/비원순)이나 공기의 강약(무기/유기), 그리고 성대의 울림(무성/유성)을 통해 구별하게 된다. 한국어에서는 발음부위가 앞뒤로 크게 차이가 나지 않아, 대개 그 구분이 모호하게 나타나는 경우가 있으니 주의해야 한다.

㉠ 유기음(送气音: 송기음)과 무기음(不送气音: 불송기음)

우리가 발음하는 과정에서 공기의 흐름을 보다 강하게 하느냐 약하게 하느냐에 따라 유기음(送气音)과 무기음(不送气音)으로 구분되는데, 대개 중국어 한어병음에서는 p/b, d/t, g/k, j/q. zh/ch, z/c 의 대비로 나타난다. 물론 소리를 내려면 전혀 공기가 없이 발음되는 것은 아니지만, 여기에서는 공기 흐름의 강약이라고 표현하는 것이 더 적절할 것이다.

㉡ 유성음(浊音: 탁음)과 무성음(清音: 청음)

음성의 차이를 구별하는 또 다른 방법으로 유성(有声)과 무성(无声)의 구별이 있는데, 이것은 소리가 발출되어 나오는 과정에서 성대가 진동하느냐의 여부를 통해 결정된다. 중국어에서는 한국어와 같이 콧소리인 비음 계열을 제외하고는 대부분 무성음에 해당하며, 대표적인 유성음인 [m]은 동일한 발음부위를 가진 무성음 [p]와 대비시켜 성대의 떨림 여부를 관찰해 볼 수 있다. 고대 중국어에서는 이러한 소리(声)의 유무(有无)현상을 '청탁(清浊)'의 대응관계로 설명하였는데, 현대중국어에서는 비음 m, n, ng 및 r 등 네 개의 음을 탁음(浊音)으로 분류할 수 있다.

중국의 전통음운학에서는 현대언어학에서 분류되는 무성음과 유성음을 '清浊(청탁)'이란 이름으로 양분하고, 다시 '全清(전청), 次清(차청), 次浊(차탁), 全浊(전탁)' 네 가지로 구분하여 분석하고 있다. 먼저, 全清(전청)은 무기음이면서 무성음인 경우로 b, d, f, g, s, sh, z, zh, j 등이 해당된다. 次清(차청)은 유기음이면서 무성음인 경우로, p, t, k, c, ch, q 등이 여기에 해당한다. 次浊(차탁)은 유성음 중 비음, 측음, 반모음이 여기에 해당되는데, m, n, ng, i 등이 있다. 全浊(전탁)은 유성음이면서 폐쇄음, 마찰음, 파찰음이 해당하는데, 현대중국어에는 r만이 존재한다.

[표 1] 중국어 성모의 발음부위와 발음방법의 분류 결합표

气의 유무	不送气(무기음)		送气(유기음)		浊音	清音	浊音	浊音
清/浊	清音(무성음)							
	塞音(폐쇄음)	破擦音(파찰음)	塞音(폐쇄음)	破擦音(파찰음)	鼻音(비음)	磨擦音(마찰음)		边音(설측음)
双唇音(양순음)	b		p		m			

唇齿音 (순치음)						f		
舌尖中音 (치경음)	d		t		n			l
舌根音 (설근음)	g		k		(ng)	h		
舌面前音 (설면음)		j		q		x		
舌尖后音 (권설음)		zh		ch		sh	r	
舌尖前音 (설치음)		z		c		s		

(3) 영성모(零声母)와 반자음

중국어의 음절은 앞에서 언급한 21개의 성모와 39개의 운모가 일정한 규칙에 따라 결합하여 만들어지는데, 중국어에도 [an](安)이나 [en](恩) 등과 같이 성모가 표기되지 않고 모음으로만 시작되는 '영성모(零声母)' 음절이 있다. 이것은 국제음성표기의 규정에 "모든 음절은 자음과 모음으로 구성되어 있다"고 전제하게 되면서 일어난 현상으로, 운모만으로 구성된 음절을 '제로(零)성모'로 표시하게 된 것이다. 따라서 영성모의 음절은 단순히 운모로 시작하는 것이 아니라, 운모로 옮겨가기까지 마찰성분 혹은 그 외의 음소를 동반하고 있다고 보아야 한다. 이러한 규정으로 인해, 중국어에서는 앞에서 언급한 '영성모' 음절과는 달리, 운모만으로 구성된 음절 중에서 i, u, ü,

즉 개음으로 시작되는 음절(단독 음절 이외에 ie, üe, ian, üan 등)은 유사(类似)자음의 마찰 효과에 따라 반자음(w와 y)을 부가하여 영성모 음절을 상쇄한 것처럼 표시하게 된다. 예를 들면,

먼저 음절이 단음절 'i'만으로 구성되거나, 'i'로 시작되는 경우에는 반자음 'y'를 붙여서 yi, yan, yin 등으로 표기한다.

둘째, 음절이 'u'만으로 구성되거나 'u'로 시작되는 경우에는 설근(舌根)과 양순(两唇)에 의해 마찰성분이 형성되는데, 'w'를 부가하여 'wu, wan, wen' 등으로 표기한다.

셋째, 음절이 'ü'만으로 구성되거나 'ü'로 시작되는 경우에는 마찰성분은 [ɥ]로 표시된다. 한어병음에서는 'ü' 앞에 'y'를 붙여 'yu, yuan, yun' 등로 표기된다.

3) 운모(韵母: 모음)의 분류

우선 모음의 구별은 혀의 높이(高, 半高, 半低, 低), 혀의 전후 위치(舌前, 舌中, 舌后), 입술이 모양(圆唇, 平唇)에 따라 모음의 성질이 정해진다. 아래의 그림은 국제음성기호에서 제시한 모음을 종합한 것으로, 기본 모음을 제외하고는 특정 언어에 선택적으로 존재한다.

[표 2] 모음과 혀의 위치에 따른 분류

발음부위 / 입술모양 / 开口度(개구도)	前(앞)		中央(중앙)		后(뒤)	
	平唇(평순)	圆唇(원순)	平唇(평순)	圆唇(원순)	平唇(평순)	圆唇(원순)
高(开口)	①i	y	⑨ɨ	u	⑧ɯ	u
半高(半开口)	②e	ø	⑩ ɨ		⑦ɤ	o
半低(半开口)	③ε	œ	ɐ		⑥ʌ	ɔ
低(开)	④a				⑤ɑ	ɒ

전통음운학에서 운모를 구성하는 세 개의 모음을 개음(介音)인 운두(韵头)와 필수요소인 운복(韵腹), 그리고 운미(韵尾) 세 부분으로 구분하였는데, 음절을 구성 요소 세 가지를 모두 갖추게 되면 '성모+[(운두)+운복+(운미)]'(biao, kuai, guan 등)가 된다. 하지만, 한자의 모든 음절이 세 가지 구성요소를 다 갖추고 있는 것이 아니라, 어떤 음절은 '성모+운복(bo, ke, ji)'만으로 구성되기도 하고, '성모+운두+운복(jia, qiu, bie)'으로 구성된 것도 있으며, 또 '성모+운복+운미(gei, kai, dou)'로 구성된 것도 있다.

(1) 개음(介音)과 사호(四呼)

개음과 사호는 전통음운학에서 나타내는 중국어 운모의 구조방식을 고찰한 것으로, 한어병음을 통해 비교해 볼 수 있다.

앞 절에서 성모와 더불어 음절을 구성하는 운모는 다시 운두(韵头:개음), 운복(韵腹:주요모음), 운미(韵尾) 세 부분으로 나누어진다고 설명하였다. 먼저 현대중국어에서 운두에는 [i], [y], [u] 세 개의 음소가 있으며, 음절 '江(jiāng)'에서 성모 'j' 다음에 오는 운모의 첫 번째 음소 'i'가 개음이 된다. 그 뒤의 'ā'는 주요모음(운복)이 되고, 'ng'은 자음운미가 된다. 현대중국어에서 운두는 주요모음(운복) 앞에 존재하는 'i, u, ü(y)' 세 가지 음소만이 올 수 있으며, 다시 운두의 종류에 따라 '사호(四呼)'가 구분된다. 즉 중국어 모음에서 운두는 '개음(介音)'이라고도 하여 다른 음소에 비해 큰 영향력은 없지만, '사호(四呼)'를 구분하는 주요 표지가 된다.

첫째, 운두가 없는 경우, 즉 성모 다음의 모음이 [a], [o], [ə/e]로 시작하는 경우는 입이 열려 있다고 하여 '개구호(开口呼)'라고 부른다.

둘째, 운두 혹은 운복 [i]로 시작될 때는 입모양이 '一'자 모양으로 가지런하게 된다고 하여 '제치호(齐齿呼)'라고 부른다.

셋째, 운두 혹은 운복이 [u]로 시작될 때는 입모양이 둥글게 된다고 하여 '합구호(合口呼)'라고 부른다.

넷째, 운두 혹은 운복이 [ü(y)]로 시작되는 운모를 '촬구호(撮口呼)'라고 부른다.

[표 3] 음절의 결합(성모+운모)과 사호의 관계

声母 \ 韵母	a, o, e, er, i(ɨ) (开口呼)	i(y) (齐齿呼)	u (合口呼)	ü(yu) (撮口呼)
双唇音 (b, p, m)	+	+	+	-
唇齿音 (f)	+	-	+	-
舌尖中音 (d, t)	+	+	+	-
舌尖中音 (n, l)	+	+	+	+
舌根音 (g, k, h)	+	-	+	-
舌面前音 (j, q, x)	-	+	-	+
舌尖后音 (zh, ch, sh, r)	+	-	+	-
舌尖前音 (z, c, s)	+	-	+	-
零声母	+	+	+	+

(2) 운복(韵腹:주요모음)과 운미(韵尾)

중국어에서 주요모음인 운복(韵腹)이 될 수 있는 음소에는 기본 운모의 저모음 a[a], 중앙모음 e[ə/ɛ], 중앙후설모음 o[o]가 있으며, 전설고모음 i[i]와 후설고모음 u[u], 그리고 전설원순음 ü[y] 6개가 있다. 이 중 앞의 기본 운모는 대부분 운복이나 운미에만 올 수 있으며, 개음으로 작용하는 세 개의 음소는 단독으로 오거나 혹은 개음이 두 개 이상 오게 되는 경우에만 운복으로 작용하게 된다.

먼저 운복(주요모음)에 올 수 있는 모음은 기본 운모 6개가 모두 올 수 있다. 다만, 세 개의 개음인 [i], [u], [y]는 단독으로 운모가 되거나, 그 중 [i], [u]와 서로 다른 개음이 두 개가 올 경우와 비음운미 n, ng가 올 때 운복으로 작용할 수 있다.

i[i] - 一[yī], 贵[guì], 音[yīn], 应[yīng]

u[u] - 就[jiù], 棍[gùn]

ü[y] - 句[jù], 雨[yǔ], 云[yún]

운미로 작용하는 음소에는 [a]와 [e]를 제외한 [i], [o], [u]와 치조비음 n[n]과 설근비음인 ng[ŋ]이 있다.

i[i] - 在[zài], 贵[gùi], 给[gěi]

u[u] - 有[yǒu], 都[dōu], 够[gòu]

o[o] - 要[yào], 多[dūo], 了[liǎo]

n[n] - 难[nán], 安[ān], 恩[ēn]

ng[ŋ] - 让[ràng], 江[jiāng], 翁[wēng], 东[dōng]

특히 설근비음은 양쯔강 이남의 남부지역에서는 대개 구강의 앞쪽에서 발음을 하게 되어 치조비음으로 발음하는 경우가 많다. 예를 들면, 인사말 중에 '您贵姓(닌꾸이씽)?'을 '您贵信(닌

꾸이씬)?'처럼 발음한다든가 혹은 '你姓什么?(니씽선머)'를 '你信什么?(니씬선머)'와 같이 '姓'이 '信'처럼 들리는 경우가 있다.

(3) 얼화운('儿化'韵)

현대 표준중국어에 나타나는 '儿化'현상은 경성화의 특징에서 유래한 것으로 볼 수 있으며, 북방어의 대표 방언인 북경어에서 가장 많이 보인다. 고대중국어에서 보이는 '兒'은 하나의 독립된 음절을 갖추고 있었지만, 현대중국어에서 '儿'은 단독으로 쓰이거나, 혹은 어근으로 쓰이는 경우에는 여전히 권설모음 er[ər/ɚ]로 하나의 음절로 기록되지만, '儿化'운으로 쓰일 경우에는 앞의 모음에 흡수되어 [r]로만 표기된다.

현대중국어에서 '儿化'운을 형성하는 경우는 모두 25종으로 구분하기도 하는데, 앞 모음에 따라 각각 다른 운모가 만들어지고 있으니 주의해야 한다.

㈀ 개구음 a, o, e, u, ua, uo, ia+er

원래의 운모는 변화하지 않고 'er'은 운미부분을 권설음화하여 읽게 된다.

㈁ -ng + er

주요모음의 반비음화가 일어나며, 두 가지 경향으로 나뉜다.

먼저, ang, eng, iang, ong(ung), uang+er : 'ng'가 탈락하고 주요모음의 비음화가 일어난다.

둘째, ing, yong(iong)+er : 'ng'가 탈락하고 반비음 [ẽr]을 부가한다.

㈐ -i + er

권설음 z(h), c(h), s(h) 계열 뒤에 오는 [i]음은 국제음표에서는 [ɿ]와 [ʅ]로 구분되어 표기되는데, 이름처럼 혀가 말려 올라간 것이 아니라 발음부위가 뒤쪽으로 밀리면서 혀가 구강의 뒤쪽으로 밀리면서 발음된다고 보면 된다. 그래서 한어병음 본래의 [i]음이 나지 않고 권설화된 [er]로 발음이 되는 것이다.

3. 어음변화규칙

어음변화는 역사적으로 그 자음이나 모음이 변화는 경우가 있으나, 대부분의 어음변화규칙은 연결음(连音)의 변화현상을 가리킨다. 일반언어학에서 볼 수 있는 동화(同化), 이화(异化), 약화(弱化), 증음(增音), 감음(减音), 환위(换位), 대체(代替) 등 다양한 각도에서 설명을 하고 있으나, 중국어에서는 아래의 몇 가지 규칙으로 설명할 수 있다.

1) 동화(同化)

원래 '동화(同化)'는 두 개의 서로 다른 음을 연이어 읽을 때, 서로 영향을 주거나 유사한 음으로 변화되는 현상을 말한다. 즉 두 개의 연이은 발음 중에서 어느 한 쪽이 다른 쪽을 완전히 같은 음으로 변하게 하는 수도 있고, 발음방법이나 발음부위가 같거나 혹은 유사한 방향으로 변화시키는 경우를 말한다.

동화(同化)는 순행(顺行)와 역행(逆行)의 두 가지로 구분할 수 있는데, 중국어에서 가장 대표적인 순행동화의 예로는 혀의 위치가 낮은 [a]음을 가진 'an'이 'i'나 'ü'를 운두로 만날 때, 발음의 편리를 위해 낮은 [a]음이 높은 음의 'i'나 'ü'와 유사한 발음부위로 혀의 위치를 약간 높여서 [ε]로 변화되어 발음하게 되는 경우이다.

钱[qian→qiεn]　天[tian→tiεn]　见[jian→jiεn]
全[quan→quεn]　元[yuan→yuεn]　选[xuan→xuεn]

难免[nan mian] → [nan miεn] → [nam miεn]

윗줄 6개의 예는 [a]음이 앞에 나타난 운두 'i'와 'ü'의 영향으로 발음하기가 더 쉬운 [ε]음으로 읽히게 되는데, 이와 같이 변화과정이 '앞→뒤' 방향으로 변화되는 것을 '순행동화현상'이라고 한다. 이와 반대로, 아랫줄의 '难免'은 'nan(难)'이 후행하는 'm(免)'의 영향을 받아 [nam]으로 발음되면서 '앞←뒤'의 과정을 거치므로 '역행동화현상'이라고 부른다. 이외에도, 우리말의 구개음화와 같은 고대중국어의 자음 [k]가 현대중국어에서 [j]음으로 바뀐 현상 또한 대표적인 동화현상으로 볼 수 있다.

2) 이화(异化)

'이화(异化)'는 동화와 반대로 둘 또는 그 이상의 같거나 유사한 음을 연결하였을 때, 중복을 피하여 그 중 하나의 음을 완전히 다르거나 약간 다른 음으로 바뀌어 읽는 것을 말한다. 예를 들면, '凡[fan]'은 본래 [fam](한국어에서는 '범')에서 나왔으며, '法'[fat]는 [fap](한국어에서는 '법')에서 나왔다. 이것은 [f]와 [m], [f]와 [p]가 모두 모두 유사한 순음으로 발음되는 것을 피하기 위해서, 후행하는 음이 치경음으로 바뀐 이화현상의 모습이다.

3) 약화(弱化)

'약화(弱化)'는 음절을 연이어 발음하는 과정에서 모음 혹은 자음의 음세(音势)가 약화되면서 본래의 음절이나 성조에 변화가 나타난 것을 말하는데, 대개 어법화나 어휘화에서 자주 보인다. 대체로 이음절 이상의 어휘에서 후행형태소가 어휘화 과정에서 성조가 탈락하거거나, 일음절 어휘성분이 어법화되면서 일어나는 경성화는 중국어의 대표적인 약화현상으로 볼 수 있다.

回来[hui lai]→[hui lɛ]　　脑袋[nao dai]→[nao dɛ]

外头[wai tou]→[wai tɛ]　　打扮[da ban]→[da bən]

현대중국어에서 '我们'[wo men]을 [uɔmm]으로 읽히는 것은 '们'[men]의 모음 [ə]의 감소현상과 같은 음소의 감소 또한 약화현상의 일종으로 볼 수 있다. 이외에도 수량사구가 일음절화 현상으로 나타나는 四个[si ge]→[sə], 三个[san ge]=仨[sa], 两个[liang ge]=俩[lia] 등도 일종의 약화현상으로 볼 수 있다.

4) 대체(代替)

'대체(代替)'는 대개 외국어를 자국어로 음역하는 과정에서 자국어에 그 발음이 없는 경우에는 그것에 가까운 발음으로 대체하여 표기하게 된다. 대표적인 대체 음역의 예를 들어 보면, 영어의 [r]음이 없는 중국어에서는 [l]음으로 대체하는 경우가 많다.

lome 罗马[luoma] : 로마 Kairo 开罗[Kailou] : 카이로
romance 浪漫[langman] : 낭만 ice cream 冰淇淋[bingqilin] : 아이스크림

5) 전환(转换)

'전환(转换)'은 교체(交替)라고도 하며, 하나의 음을 일정한 대응관계를 유지하면서 다른 하나의 음으로 바꾸는 것을 말한다.

(ㄱ) 성조의 전환

担负(dān: 음평) → 挑担(dàn: 거성) : '메다'와 '부담, 짐'
难受(nán: 양평) → 灾难(nàn: 거성) : '어렵다'와 '재난'
测量(liáng: 양평) → 数量(liàng: 거성) : '측량하다'와 '수량'
真假(jiǎ: 상성) → 放假(jià: 거성) : '가짜, 거짓'과 '휴가'
好人(hǎo: 상성) → 好学(hào: 거성) : '좋다'와 '좋아하다'

(ㄴ) 성조, 성모의 전환

长(cháng: 양평)短 → 成长(zhǎng: 상성) : '길다'와 '자라다'
重(chóng: 양평)复 → 重(zhòng: 거성)要 : '중첩되다'와 '무겁다'

(ㄷ) 성모, 운모의 전환

银行(háng) → 行(xíng)李 : '업종'과 '행하다'

省(shěng)会 → 反省(xǐng) : '성읍'과 '뉘우치다'

중국어에서는 이러한 성조의 전환을 품사전성(词类转换)으로 활용되기도 하는데, 앞에서 보인 好(hǎo:형용사, hào:동사)나 量(liáng:동사, liàng:명사) 등이 대표적인 예이다.

Tip 중국어 운모 발음과 인식의 어려운 점

우리가 중국어의 모음인 운모를 익힘에 있어 주의해야 할 사항은 중국어의 '한어병음'의 라틴어 자모의 표기와 실제 발음상의 차이와 연음현상에 따른 문제점이 있다.

[e]: 설면음(j, q, x)을 제외하고 모든 성모 뒤에 오게 되는데, 본래의 [e(ɛ)]와 [ə]의 두 가지 발음으로 읽힌다는 것이다. 우선 대체로 앞뒤로 [i]음이 연결되면 [e(ɛ)]음으로 읽히며, 그 외에는 모두 [ə]음으로 읽으면 된다.

[i]: 중국어에서 한어병음 'i'는 [i]와 [ɨ]의 두 가지의 음가를 지닌다. 즉 설면음(j, q, x)와 만나면 [i]로 발음이 되지만, 설치음(z, c, s)과 권설음(zh, ch, sh, r) 뒤에 올 때는 [ɨ]로 발음하게 된다. 대개 [ɨ]는 한국어의 [으]발음과 유사하며 국제음성기호의 표기로는 [ɿ](설치음 뒤)와 [ʅ](권설음 뒤)로 표기되지만, 한어병음에서는 모두 'i'로 표기되기 때문에 유의해야 한다.

[an]: 대개 설면음(j, q, x) 다음에 오게 되는 운두인 [i]음과 [ü]음의 다음에 와서 구성되는 [ian]이나 [üan]의 경우에는 [ɛn]이나 [æn]에 가깝게 읽어야 한다. 대표적인 오류가 현재 한국의 중국어 표기기준에서 라틴자모 [an]을 그대로 '안'으로 표기하는 경우인데, 중국의 화폐단위인 元(yuan)은 '위안'이 아닌 '위앤이나 위엔'으로 읽어야 한다.

* [uei]와 [uen], 그리고 [ueng]의 발음 변화

중국어의 발음표기에서 [uei]와 [uen]가 자음을 만나면 [ui]와 [un]으로 읽고, 표기한다. 우선 모음삼각도에서 [u]와 [e]는 발음위치가 뒤쪽과 앞쪽에 위치해 있어 한 번에 두 발음을 연이어 발음하기가 쉽지 않다. 뿐만 아니라, 앞에 성모가 첨가되면 두 모음을 발음하는 시간은 그 만큼 짧아져 발음시간의 원리에서 볼 때 거의 동시에 발음을 하게 된다. 따라서 중간의 [e]가 거의 발음되지 않는 것처럼 들리게 되고, 이러한 발음의 인식이 습관화되면서 발음규칙 또한 바뀌게 된 것이다.

4. 성조와 성조의 변화

1) 성조의 역사와 4성

우리가 외국어 학습에서 대상 언어가 지니는 음성학적 특성을 이해하고, 정확하게 발음하느냐 하는 것은 매우 중요하면서도 또 가장 어려운 점이다. 특히 중국어의 매 음절은 성조와 결합하여 의미를 표현함으로써, 성조를 제대로 익히지 못하면 중국어에 대한 흥미를 잃게 되는 계기가 된다. 따라서 중국어의 성조는 어떠한 특징을 지니고 또 한국어와는 어떠한 차이점이 있는가를 파악하는 것이 중국어 학습에서 중요한 관건이 될 수가 있다.

일반적으로 발음을 할 때에 나타나는 음의 변화는 대개 음파가 나타내는 진동수의 다소(多少)와 진폭의 크기에 의해서 결정되는데, 영어 등에서 볼 수 있는 악센트는 음의 강약으로 진폭의 크기에 의해서 나타난다. 하지만, 중국어의 성조는 음파의 진동 횟수가 많고 적음(多少)에 따라 음의 고저[19]가 결정되며, 각 음절에 각각의 성조가 부가된다. 물론 중국어에도 음절의 고

19 여기서 언급한 음의 고저는 음절마다 붙어서 의미를 구별하는 것을 말하며, 일반적으로 어구 중에서 나타나는 어조나 액센트, 중음 등과 같이 감정, 혹은 중점을 두고 있는 단어와 그렇지 않는 단어의 구별하는 고저강약을 지칭하는 것은 아니다.

저 이외에, 음의 강약에 따른 구문 내의 악센트도 존재하고 있다.

현대중국어에서 성조는 방언을 포함하면 4성에서 9성까지의 성조가 있지만, 표준중국어인 보통화에는 1성, 2성, 3성, 4성의 4가지 성조와 의미가 약화되어 허화된 성분에 부가되는 경성(轻声)이 있다. 비록 중국어에는 지역에 따라 다양한 성조가 존재하고 있지만, 대개 성조는 높은음(高)과 낮은음(低), 올라가는 음(升)과 내려가는 음(降)의 4성을 기반으로 하고 있다고 보면 된다. 고대중국어에서도 평성(平声), 상성(上声), 거성(去声), 입성(入声)이라는 4성이 있었으며, 각 성조는 다시 음양(阴阳)의 구분이 있었다. 현재 표준중국어인 보통화에 있는 4성은 음평(제1성), 양평(제2성), 상성(제3성), 거성(제4성)에 대입해 볼 수 있으며, 이 또한 고대중국어의 '平, 上, 去, 入'에 근거하여 시대적 변화를 거치면서 형성되었음을 알 수 있다.

Tip '四声(사성)'의 유래

현대중국어의 성조인 '四声'이라는 명칭은 육조(六朝)시대 '심약(沈约:441-513)'이 ≪사성보(四声谱)≫에서 '平, 上, 去, 入'을 대표자로 설정한 이래로, 중국음운학에서 지금까지 답습하여 사용하고 있다. 물론 몇몇 학자들은 ≪시경(诗经)≫에서 압운(押韵)이 되고 있었다는 사실에 근거하여 고대중국어에도 '사성(四声)'이 있었다고 주장하고 있지만, 왕력(王力)은 ≪한어사고(汉语史稿)≫(상책, 100~103쪽)에서는 상고(上古)중국어에는 평성(平声)과 입성(入声)의 두 개의 성조가 있었으며, 중세에 '平, 上, 去, 入'의 4성으로 되었다고 설명한다. 다시, 근세 이후에는 평성이 상평(上平)과 하평(下平)으로 나뉘어지고, '입성(入声)'이 소실되었으며, 다시 상성과 거성이 결합하여 4성이 되었다고 설명한다.

2) 경성과 경성화

단어를 구성하는 음절 혹은 구문 중의 문장성분인 단어가 본래의 성조값을 상실하여 비교적 가볍게 읽히게 되는 현상을 '경성' 혹은 '경성화'라고 한다. 경성은 일종의 특수한 변조로써, 앞 음절의 성조에 따라 약간의 높낮이가 변한다. 경성화는 의미상실을 동반하나, 음의 길이가 비교적 짧고 약하기 때문에 운모 전체의 음가(音价)에 변화를 주기도 한다.

북방 방언이나 보통화에서 볼 수 있는 경성 또한 일종의 '음변현상(音变现象)'의 일종으로 볼 수 있는데, 현대중국어에서 경성화는 어휘화나 어법화를 나타내는 형태성분으로 활용되고 있다. 예를 들면, 경성으로 발음되는 경우와 본래의 성조로 발음되는 단어 사이에 의미 혹은 어법상의 차이를 드러나게 된다.

예) 大爷(dàyé 도련님/ dàye 백부님)
造化(zàohuà 자연의 조화/ zàohua 운수)
自己(zìjǐ 자신/ zìji 친한사람)
地道(dìdào 지하도/ dìdao 진짜)

예) 大意(dàyì 큰 뜻N/ dàyi 부주의한A)
报告(bàogào 보고하다V/ bàogao 보고서, 리포트N)
肉头(ròutóu 속이기 쉬운 사람N/ ròutou 맛있는, 솜씨 있는A)

사실 어떤 단어를 경성으로 읽어야 하는가에 대해서는 정확하게 설명하기는 어렵지만, 대부분 모국어 화자들의 습관적인 행위에서 비롯된 경우가 많기 때문에 오래된 어휘들에서 많이 보인다. 이와 반대로, 새롭게 형성된 신조어(新造语)나 최신의 과학용어나 외래어 등에는 경성이 보이지 않는다.

예) 衣服(fu) / 制服(fú) 忽略(lüe) / 战略(lüè)
道理(li) / 真理(lǐ) 笑话(hua) / 电话(huà)

비록 경성은 습관적인 색체가 짙으나, 이미 완전한 어법화가 이루어져 있는 어법성분들은 고정적으로 사용된다. 대체로 고정화된 경성으로 읽히는 단어 속의 형태소에는 접미사(词缀), 조사, 방위사, 중첩형의 후행형태소, 방향보어로 쓰이는 방향동사, 긍정부정형식에서의 부정사 '不' 등이 있다.[20]

이 외에도, 양사(一个, 这把刀 등), 목적격의 대사(叫他来), 후행하는 개사(住在, 说到 등) 등도 경성으로 발음하는 경우가 많다.

---

20 먼저 ①접미사(词缀)로는 椅子, 袜子, 石头, 骨头, 尾巴, 嘴巴, 我们, 你们, 这么, 那么, 那里, 这里, 记得, 认得, 晓得, 显着, 觉得, 觉着 등이 있으며, ②조사에는 구조조사의 我的, 他的, 你的, 买的, 红的, 大的, 赶紧地, 很好地, 说得好 등과 동태조사: 说了, 做了, 写着, 坐着, 吃过 등, 그리고 어기조사: 走吧, 你好啊, 喝了茶了, 是的 등이 있다. ③방위사에는 屋里, 树上, 楼下, 地下 등이 있으며, ④중첩형에는 爸爸, 妈妈, 弟弟, 宝宝 등의 명사중첩과 看看, 谈谈, 笑笑, 讲一讲 등의 동사중첩이 있다. 또 ⑤보어로 쓰인 방향동사에는 拿来, 出去, 上来, 拿出来, 走出来 등이 있고, ⑥긍정부정형식(동사, 형용사) 去不去, 来不来, 吃不吃, 看不看 등에서 볼 수 있다.

3) 성조의 변화: 연독변조(连读变调)

중국어 학습에서 성조의 고저에 대해 음악의 음보(音谱)와 비교하여 설명하고 있지만, 실제적인 발화과정에서 나타나는 음의 고저는 화자의 감정의 기복과 강세 등에도 많은 영향을 받는다. 사실 음보를 통한 설명은 성조의 체계를 이해시키는 유용한 방법이지만, 성량(声量)이나 음색 등에서 차이를 보이는 개개인의 음계를 일률적인 음보(音谱)에 적용하기는 쉽지 않다.

또 교재를 통해 배우는 표준 성조의 기본 조치(调值)[21]는 객관적인 음가에 의해 결정되지만, 구문에서 나타나는 개개의 음절은 독립적으로 발음되는 것이 아니다. 즉 구문에서 음절과 음절이 만나면서 연이어 발음을 하기에, 그 이동의 특징은 한 점 한 점 끊어서 발음하지 않고 일정한 선형의 곡선으로 이어지게 된다. 뿐만 아니라 음의 고저 또한 사람에 따라 약간씩 다르게 나타나며, 또 음의 강약(音强)이나 음색(音色) 등 언어 환경에 따른 영향도 받게 된다. 대표적인 연독변조로는 초급중국어에서 볼 수 있는 '一, 七, 八, 不'의 성조변화와 연속된 3성의 반3성화 현상이 있으며, 현재는 반3성과 '一, 七, 八, 不' 중에서는 '一'과 '不'에만 이러한 변조현상을 설명하고 있다.

---

21 중국어의 음절에 존재하는 성조는 고저장단에 따라 음평(阴平), 양평(阳平), 상성(上声), 거성(去声)의 네 가지 '성조의 값'을 계산해 낼 수 있는데, 이 유형을 조치(调价/调值)라고 한다.

Tip 표준중국어의 4성과 방언의 성조

본래 고대중국어에는 평(平), 상(上), 거(去), 입(入)의 4가지 성조가 있었으며, 이 네 가지 성조는 모두 음양으로 구분되어 있었다. 현대중국어의 1성과 2성은 고대의 사성(평상거입) 중에 모두 평성에 해당되며, 음평(阴平, 제1성)과 양평(阳平, 제2성)으로 대비된다. 각 방언의 성조가 서로 다르게 나타나는 것은 이러한 음양의 대립과 밀접한 관련이 있는데, 현재 중국의 각 방언에서는 5성에서 9성까지의 다양한 성조가 존재한다는 사실이 이것을 증명되고 있다. 그 중에서 绍兴方言(소흥방언)은 4성과 음양의 관계가 가장 뚜렷한 대응관계를 가진 8성을 가지고 있으며, 그 외의 방언에서 성조가 다양하게 나타나는 것은 대개 어떤 성조가 여전히 음양의 대립을 가지고 있는가를 알 수 있다. 예를 들면, 5성으로 구성된 방언은 평성만이 음양으로 대립되어 나타나며, '长沙方言(장사방언)'은 입성(入声)이 음양으로 된다. 6성으로 구성된 방언은 평성과 입성이 음양으로 구분되는 것이 대표적이며, 梅县(매현)의 客家方言(객가방언)이 이에 해당한다. 7성은 평성, 거성, 입성이 음양으로 구분되어 있으며, 福州, 厦门, 苏州(복주, 하문, 소주)방언이 대표적이다. 9성은 입성 중에서 음입(阴入)이 다시 둘로 갈라진 것으로, 월방언의 '广州语(광주어)'가 대표적인 방언이다. 즉 음양중의 하나가 다시 나뉘는 것은 성조 내부에 다시 이러한 上/下관계가 잔존하고 있는 것으로, 월방언에서는 低上声(动词)과 低入声(名词)으로 구분되어 있다.

현대중국어 뿐만 아니라, 많은 방언에서 평성이 음양으로 나뉘어 있는 것은 평성의 모음이 비교적 길어서 다른 조류의 성조에 비해 차이가 드러나지 않기 때문이다. 대체로 평상거입이 음양으로 구분된 것은 음절의 첫 부분이 탁음일 경우에는 음조가 낮으며, 청음일 경우에는 높게 시작되기 때문일 것으로 파악된다. 이처럼 음절의 첫 음소인 자음의 청탁에 따라 음성조와 양성조로 구분되는 것은 한•장어계(汉藏语系)의 공통적 현상이다. 특히 당나라 말기(唐末) 이후, 북방어에서는 청탁(무성음과 유성음)의 구별이 뚜렷하지 않았으며, 음절의 첫 음소의 고저에 의해 조류가 음성조와 양성조로 구분되게 되었다.

음양과 청탁의 관계를 동시에 고려해 보면; 첫째, 청음은 음성조로, 탁음은 양성조로 읽는다(吴方言); 둘째, 고청음은 음성조로, 고탁음은 양성조로 읽는다.(粤, 闽, 客家方言, 现代汉语) 그래서 대체로 음성조가 높은 음가(音价)를 지니고 있는 반면, 양성조는 낮은 음가(音价)를 지니는데, 현대중국어에서 음성조가 1성으로 바뀌고 양성조사 2성으로 바뀐 현상과도 일치한다.

제6강 허사(虚词)의 인식과 어법연구

중국어에서 어법성분으로 귀납되는 허사(虚词)는 초기에는 '허자(虚字)'라고도 불렸으며, 명사, 동사 형용사 등과 같은 실사(实词)에 대립되는 말로 사용된다. 본래 현대언어학의 어법연구는 대개 어형변화(语形变化)를 통해 일어난 어법범주에 대한 연구가 중심이 되지만, 중국어와 같이 표의문자에서는 특정 단어의 본래 의미가 차츰 퇴화되면서 마치 다른 언어의 굴절(屈折)형태와 유사한 문법성분의 역할을 하는 경우가 있다. 이러한 성분이 곧 허사이며, 기능어(function word) 또는 형식어(form word)라고도 한다. 이런 의미에서 허사는 자립어와 의존어의 대립관계로도 살펴볼 수 있는데, 의존어는 자체만으로는 온전한 개념을 나타낼 수 없어서 언제나 자립어에 의존하여 자립어와 자립어의 관계적 변이나 관념과 관념 사이의 관계를 나타내는 역할을 한다.[22]

22 물론 기능어는 보다 넓은 의미에서는 허사와 같이 취급할 수 있으나, 전적으로 일치한다고 볼 수 없다. 허사의 규정은 주로 의미에 의한 것이기 때문에 그 내용이 반드시 명확하다고는 할 수 없고, 대체로 기능어보다는 대상의 범위가 좁다고 볼 수 있다.

1. 백화문의 출현과 허사 연구

백화(白话)란 문언(文言)보다 '쉬운 말'로 이해될 수도 있는데, 민간에서 사용되는 일상 언어를 꾸밈없이 그대로 문장으로 반영하여 일반 민중이 쉽게 이해할 수 있도록 구성된 언어를 말한다. 한국어에서는 조선시대에 세종대왕이 한글을 발명하고 '안글'이라고 하여 '쉬운 말'의 의미로 사용한 것과 유사하다고 할 수 있다. 대개 **백화**(白话)는 **백화문**(白话文)으로 이해하는 경우가 많으며, 회화가 아닌 문장으로 쓰인 글을 말한다. 당시의 지배계층이나 관리 등의 지식인들이 사용했던 문언문(文言文) 중심의 언어가 아닌, 민간에서 사용되는 일상 언어를 그대로 문장으로 반영했다는 것이 특징이다. 백화의 출현은 중국문화의 흥성기이자 시민문화가 발현되었던 당(唐)나라에서 시작되어, 송(宋), 원(元), 명(明), 청(清)나라를 거치면서 비교적 완전한 회화체 중심의 언어구조가 완성되었다. 백화문이 점차 다양한 매체에서 사용되기 시작하면서 실사를 위주로 구성되었던 문언문(文言文)보다 더 많은 '허사(虛词)'가 활용되기 시작하였고, 이에 구문의 구조와 연관된 '허사(虛詞)'에 대한 분석에 관심을 기울이기 시작하였다.

고대(古代)부터 당(唐)나라에 이르기까지 아주 오랜 시간 동안 중국어의 글말형식은 선진(先秦)시기의 입말을 기초로 형성된 '문언문(문언문)'이 중심을 이루고 있었다. '문언문' 또한 본래 고인들의 입말을 그대로 글로 적은 것이지만, 후대로 갈수록 그 차이가 점점 벌어지면서 당시 사회의 언어 현황과는 어울려 사용될 수 없었다. 당(唐)나라 이후에는 '백화체(白话体) 글말이 점차 강세를 띠면서 당(唐)나라의 변문(变文), 송(宋)·원(元)·명(明)·청(清)나라의 화본(话本)과 소설 등의 통속문학, 그리고 송(宋)나라 이후의 일부 학술 저작이나 관방(官方)의 문서 등에서도 백화문(白话文)을 많이 활용하였다.

당(唐)나라의 대표적인 백화문으로는 '돈황변문(敦煌变文)'을 들 수 있는데, 주요 내용은 불교의 교리를 민중에게 들려주기 위해서 기록된 것들이었다. 하지만 당(唐)나라의 백화문 저작에는 여전히 많은 문언의 요소가 포함되어 있었고, 비교적 큰 도시를 중심으로 대중문화가 활발하게 전개된 송(宋)나라에 오면서 대중에게 이야기를 들려주기 위해 만든 '설화(说话)'의 대본인 '화본(话本)'을 통해 다양한 방식의 구어체 문장이 나타났다. 특히 **백화소설**(白话小说)의 출현은 백화문 언어구조의 완성을 알리는 중요한 이정표가 되었으며, 명나라의 ≪수호전(水浒传)≫, ≪금병매(金瓶梅)≫ 등의 백화소설과 청나라의 ≪유림외사(儒林外史)≫, ≪홍루몽(红楼梦)≫ 등은 대표적인 백화문 저작으로 손꼽힌다.

근대 이후에도 여전히 문언문(文言文)이 문학작품이나 생활언어의 절대적 위치를 차지하고 있었기에, 외국 유학으로 진보적 사고를 지니고 있던 학자들은 문언(文言)과 백화(白话)의 일치를 주장하게 된다. 이러한 언문일치를 주장한 대표 주자인 호적(胡適), 노신(魯迅) 등은 '문학혁명'이라는 구호 아래 ≪신청년(新青年)≫(1917년~1918년)이라는 잡지를 통해 '백화문(白话文) 운동'을 전개하였다. 그리하여 1919년 5·4 운동 이후에는 4백여 종의 백화체 신문이 발행되었고, 초등학교 교과서도 백화체로 바꾸어 쓰게 되었다. 이후에 지속적이고 대중적인 어문운동을 펼치면서, 1949년 이후에는 일반 매체에서도 백화문을 사용하게 되었다. 그리하여 백화문은 현대중국어 글말의 법적 지위까지 얻게 되었으며, 점차 발전되어 현대의 백화(白话)가 되었다.

비록 고대중국어에서는 훈고학이라는 이름하에 허사가 연구되었지만, 현대적 의미의 어법연구에 대한 시작이라고 볼 수

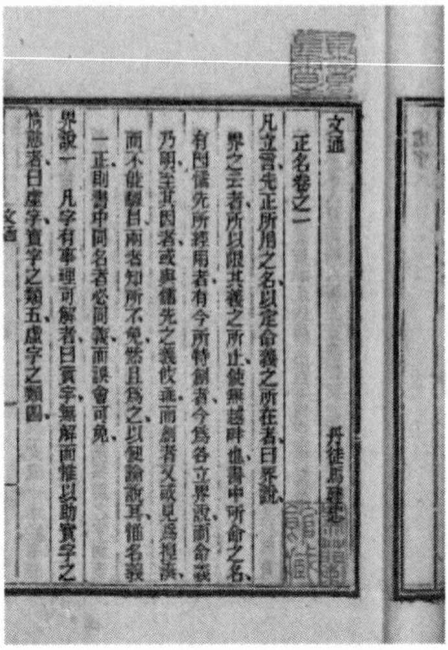
文通　丹徒馬建忠
正名卷之一
凡立言先正所用之名以定命義之所在者曰界說、
界之云者所以限其義之所止使無越畔也、書中所命之名、
有因儒先所經用者有今所特創者、今爲各立界說而命義
乃明、至其因者或與儒先之義攸殊而創者又或見爲捏撰、
而不能顧名而思義者知所不免然且爲之以便論說耳、惟名義
一正則書中同名者必同義而誤會可免、
界說一　凡字有事理可解者曰實字、無解而惟以助實字之
情態者曰虛字、實字之類五、虛字之類四、

있다. 즉 이후 현대적 의미에서의 이론체계를 갖춘 최초의 어법저작으로 평가받는 마건충(马建忠)의 ≪마씨문통(马氏文通)≫이 나올 때까지 중국어 어법연구의 토대를 마련했다고 볼 수 있다. 특히 회화체(口语)를 중심으로 연구가 진행되었다는 점에서 매우 중요한 의미

를 지닌다. 비록 중국 언어학에서 어법학에 대한 본격적인 연구가 청말(清末) 마건충(马建忠)의 ≪마씨문통(马氏文通)≫을 말하고 있지만, 사실 그 이전에도 ≪조어사(助语辞)≫, ≪어조(语助)≫, ≪허자설(虚字说)≫, ≪조자변략(助字辨略)≫ 등의 허사연구에 대한 저작이 있었으며, 이러한 저작들의 언어분석의 대부분은 의미를 가지고 있지 않는 허사(虚词)에 대한 이야기로 이루어져 있다.

조자변략

특히 원(元)나라 노이위(卢以纬)의 ≪조어사(助语辞)≫(1324)는 기존의 훈고학 연구를 토대로 어조사 100여개를 수집하여 그 의미와 용법을 분석하였는데, 중국 언어학 최초의 허사에 대해서 전문적인 연구를 한 저작이라 할 수 있다. 이후 청(清)나라에서도 허사연구가 활발하게 전개되었는데, 유기(刘淇)의 ≪조자변략(助字辨略)≫은 400여 개의 허사를 해석하고 있으며, 원인림(袁仁林)의 ≪허자설(虚字说)≫은 경전, 역사 및 제자백가의 서적에서 허사 100여개를 선택하여 분류하고 분석을 진행하였다. 또 왕인지(王引之)의 ≪경전석사(经典释词)≫는 고서(古书)에서 160개의 허사를 수집하여 용법의 설명과 더불어 예문을 실었는데, 어법성분으로서 허사에 대

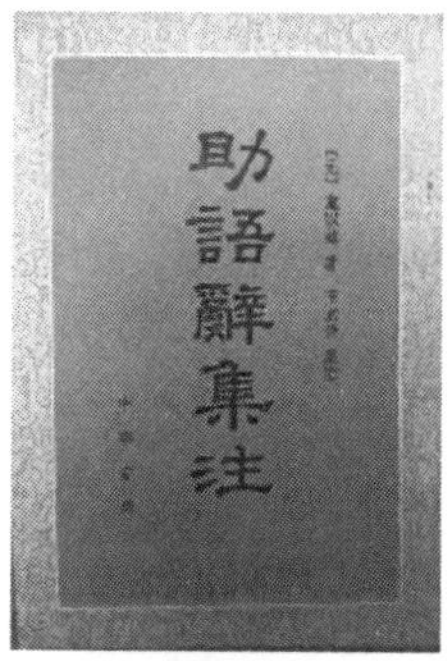

조어사집주

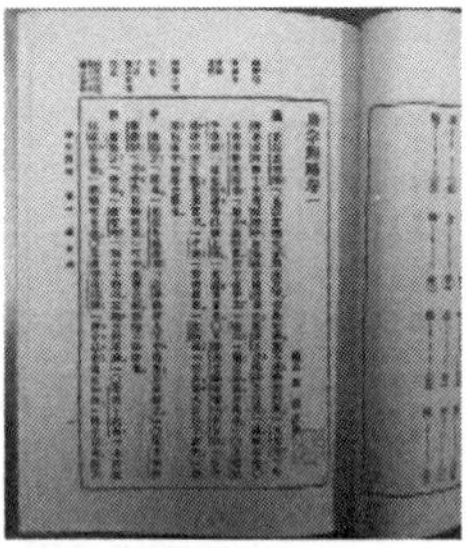

마씨문통 본문

한 전면적인 연구를 진행하였다. 이러한 연구의 결실은 이후 ≪마씨문통(马氏文通)≫(사진)이라는 어법저작이 탄생하는 배경이 되었다.

비록 마건충(马建忠)은 '자서(自序)'에서 "이 책은 서양문법(grammar)을 모방해서 지은 것이다."라고 쓰고 있지만, '허자(虚字)'와 '실자(实字)'의 품사분류나 '구두(句读)' 등의 문형에 관한 분류는 중국어의 특징을 잘 묘사하고 있다. 특히 중국어의 실례를 통해 분석한 낱말(词)와 낱말의 위치(位)를 서술하고 있는데, 이것은 현대언어학의 통사론에서 많이 언급되는 '어순(词序)'과 '허사(虚词)'의 어법작용을 제대로 파악하고 있었음을 알 수 있다.[23]

2. 어휘구조와 형태론

우리가 다른 사람과 대화를 할 때 구문과 구문이 연결되어 하나의 줄거리가 엮어지듯이, 구문 또한 하나하나의 문장성분들을 엮어서 구성된다. 중국어에서 어휘란 주어(主语), 술어(述

23 그래서 양계초(梁启超)는 ≪경전석사(经典释词)≫를 어법학의 거작이라고 칭송하였으나, 왕력(王力) 등은 구문에 대한 설명이 없기 때문에 아직은 어법서라가 보다는 허사사전류라고 주장하고 있다.

语), 빈어(宾语:목적어), 상어(状语:부사어), 정어(定语:관형어), 보어(补语) 등과 같이 '어(语)'가 붙어있는 '문장성분' 중에서 단어처럼 독립적으로 활용되는 성분의 총합을 의미한다고 할 수 있다. 따라서 어휘에는 단어 이외에도 관용어(惯用语), 고사성어(故事成语) 등이 있으나, 대체로 '단어'가 대부분을 차지한다고 할 수 있다. 마치 목재와 벽돌이 건축물을 짓는데 중요한 재료이듯이, 언어구조의 형성은 재료인 어휘가 없는 언어는 존재할 수가 없다. 대개 문장성분의 각도에서 보는 '단어'는 음성과 의미를 지니고 독립적으로 운용되는 최소의 단위라고 정의되는데, 이것은 독립적으로 운용될 수 없는 '형태소'와 구별된다. 즉 '단어'와 '형태소'의 구별은 구문에서 독립 혹은 자립으로 문장성분이 될 수 있느냐 없느냐의 차이를 통해 결정된다.

우선 어휘의 분석은 크게 두 가지 각도에서 접근할 수 있는데; 하나는 의미범주와 관련된 분석으로, 다의어(多义语)나 동음어(同音语)에 대한 연구가 주를 이룬다. 또 다른 하나는 음절구조에 관한 어법분석으로, 이음절 이상의 단어가 가진 형태소의 구조관계에 대한 기능분석이다. 한자는 본래 한 글자 한 글자가 뜻을 가진 뜻글자였기 때문에, 이음절 이상의 단어구조에서도 각 형태소의 의미가 작용할 수 있다. 그래서 '咖啡(커피)'나 '奥林匹克(올림픽)'와 같은 음역형 외래어를 각각의 한자를 하나의 형태소로 자구해석을 하려는 경향이 있는데, 반드시 순수한자어인지 외래어인지를 구분하여 분석하여야 한다.

먼저 의미분석의 측면에서 접근해 보면, 우리는 대개 한 개의 단어가 하나의 의미를 지니는 것으로 파악하기 쉽다. 하지만, 사실 단어 한 개에는 두 개 이상의 의미가 있으며, 하나의 의미 또한 여러 개의 단어로 표현되기도 한다. 예를 들어, '看(kàn)'에는 '보다'의 의미 이외에도, '만나다, 여기다, 조심하다, 기대하다, 고려하다, 내어오다, 해보다 등' 다양한 의미가 존재하고 있으며, 또 '보다(看)'를 의미하는 어휘에는 '瞧(qiāo), 瞅(chǒu), 瞜(lōu:주시하다), 看见, 望, 了望, 注视, 凝视, 观看, 觑(qū:노려보다), 瞟, 瞪, 盯, 盼, 瞄, 矙, 眈, 顾, 瞩........ 등 다양한 유의어가 존재한다. 따라서 우리가 중국어를 사용하여 자기의 생각을 표현하려고 할 때는 그 구문의 전체 의미의 표현에 가장 적절한 어휘를 선택할 수 있어야 한다.

다시 어법분석의 측면에서 접근해 보면, 현대중국어에서 어휘는 대부분 이음절 이상의 음절구조로 구성되어 있으며, 고대중국어에서 단어로 활용되던 일음절 한자가 현대중국어에서는 형태소로만 작용하는 경향이 많다. 특히 최근에는 외래어의 유입으로 삼음절 이상의 다음절 어휘가 많아지면서, 어휘구조에 대한 형태소 분석이 어법분석에서 중요한 위치를 차지하고 있다. 물론 삼음절 이상의 단어도 이분법적 분석을 기반으로 하고 있으며, 이러한 형태소 분석은 이음절 단어의 구조관계를 중심으로 분석이 진행된다고 할 수 있다. 중국어 단어를 구성하는 형태구조의 특징은 '수식구조', '주술구조', '술목구조', '술보구조' 등이 있으며, 대체로 구문을 구성하는 구문성분 간의 구조방식과 기본적으로 일치한다.

1) 표준어와 어휘의 규범화

어휘학습의 주요목적은 어휘에 대한 기본지식, 즉 어휘의 형성배경과 의미의 변화과정, 그리고 구성요소와 어법관계 등을 알 수 있도록 하는 것이다. 다시 말해, 어휘의미는 어떻게 변화되었는지, 무엇이 어휘의 본래의미(本义)이고 파생의미(转义)인지, 무엇이 상용의미이고 특수의미인지, 무엇이 옛 의미(古义)이고 지금의 의미(今义)인지, 어휘와 어휘의 의미관계를 알려준다. 이러한 지식은 어휘의미를 보다 구체적으로 이해함으로써 일상적인 회화나 가장 적합한 어휘를 선택할 수 있는 방법을 알려준다. 또한 어휘를 어떻게 학습하고, 어떻게 더 많은 어휘를 학습할 수 있는가를 알려준다.

어휘(词汇)는 구문을 구성하는 가장 기본적인 재료이고, 우리가 말을 하거나 문장을 지을 때 사용하는 다양한 단어 혹은 낱말을 말한다. 우리가 중국어를 학습하는 과정에서 익히게 되는 어휘는 표준중국어(보통화)에 귀납된 다양한 유의어와 방언에서 흡수된 방언어휘 등에 대한 이해가 필요한데, 이러한 표준중국어가 만들어지는 과정이 바로 '어휘의 규범화'이다. '규범'이란 '표준'에 맞는 어휘를 선택할 수 있는 기준을 마련하였다는 의미를 지니며, '한어규범화'는 곧 중국어의 어법규칙에 적합하고 중국인의 논리와 사유방식에 맞게 '표준화'되었다는 것을 의미한다. 현대중국어에서 표준어란 '북경어음(北京语音)을 표준음으로 삼고, 북방방언(北方方言)을 기초방언으로 삼고, 모범적인 현대 백화문(白花文) 저작을 (현대중국어) 어법의 규범으로 삼고 있다'라고 규정되어 있다. 특히 현대사회는 중국 내의 다른 지역 이외에도 다국적인 문화충돌에 따른 외래어가 표준어에 수용되는 경향이 많아서, 자기 언어의 습관에 맞는 어음, 어휘, 어법체계의 기준을 정하는 것이 매우 중요하다. 이처럼 표준중국어(보통화) 속에는 여러 방언이나 외래어가 섞여 있기 때문에 중국어 어휘학습에서는 단순히 사전적인 지식만으로는 이해하기 어려운 점이 많다.

먼저 표준어의 형성과정에서 나타나는 기준을 어떻게 정하느냐에 대한 문제이다. 비록 표준중국어 규범이 기초방언을 북방방언으로 삼고 있다고 하더라도, 북방방언에는 존재하지 않는 기타 방언에서 사용하는 어휘 또한 자연스럽게 표준어에 흡수될 가능성도 배제할 수는 없다는 점이다. 예를 들면, 사천방언 중의 '搞[gǎo]'는 '하다'의 의미를 포함하는 '做[zuò], 弄[nòng], 干[gàn], 办[bàn]' 등의 의미를 모두 표현할 수 있으며, 현대중국어에는 앞의 5개의 어휘가 모두 사용되고 있다. 또 사천방언의 '名堂(mímgtáng:마당, 정원, 명당)'이나, 상해방언의 '垃圾(lāji/lèsi:쓰레기, 폐기물)'와 '瘪三(biēsān:뜨내기, 부랑아)' 등도 표준어에 흡수된 대표적인 예이다. 사실 규범화 원칙에 따라야 한다면, 표준어에 이미 존재하는 동일한 의미의 어휘를 굳이 방언에서 가져와 표준어로 채용할 필요가 없다. 하지만, 표준어로 의미 범주를 완전하게 표현하기 어려운 방언 어휘는 당연히 표준어 속에 흡수될 것이며, 방언 어휘의 취사선택에 관한 기준은 필요성의 유무에 달려있다고 할 수 있다. 또 방언 이외에도, '문언어휘' 또한 현대중국어에서 이미 습관적으로 사용되고 있다면, 표준어에 맞지 않는다고 버릴 필요도 없기 때문이다. 예를 들면, '谰言(lányán: 망발, 중상모략), 潜伏(잠복), 诞辰(탄신), 呼吁(호우: 호응), 贪婪(탐람: 탐욕), 蔑视(멸시)' 등은 현대중국어에서 생동적으로 사용되고 있는 어휘들이다.

다음으로, 동일 의미나 유사한 의미를 지닌 다양한 어휘들인 동의어 혹은 유의어에 대한 변별에 관한 문제이다. 즉 중국어에는 다른 언어에 비해, 동일 어음이나 동일 의미를 지닌 다양한 어휘가 존재하는데, 예를 들어, '玉米(yùmǐ), 苞米(bāomǐ), 包谷(bāogǔ), 玉茭(yùjiāo), 棒子(bàngzi), 番麦(fānmài), 珍珠米(zhēnzhūmǐ)' 등은 모두 '옥수수'를 나타내는 단어들이다. 사실 이들 유의어 중에서 '玉米'가 표준어로 사용되고 있지만, 북방방언의 어휘에 속하는 '苞米(bāomǐ)'는 북경의 토속어에서는 '棒子(bàngzi)'라고도 부르며, 또 江苏省(강소성)의 嘉定(가정)지역 방언에서는 '番麦(fānmài)'와 '珍珠米(zhēnzhūmǐ)'라고도 불린다. 물론 외국인이 중국어 학습 과정에서 이러한 동의어들을 모두 변별하여 사용할 수가 없으며, 또 많은 방언 어휘들의 지역이나 특정 의미를 파악하기란 쉽지 않다. 그래서 보통화에서는 다양한 동의어 중에서 어떤 어휘를 표준어로 삼을 것인가에 대해서는 일정한 기준이 있어야 하고, 또 다양한 논의가 뒤따라야 한다.

사실 중국어의 학습 과정에서 가장 기초적인 작업은 많은 어휘를 습득하는 것 이외에도, 우리가 특정 어휘가 가진 의미나 단어의 용법을 잘 변별할 수 있느냐가 더 중요하다. 예를 들면, '热中(열중하다)'과 '热心(열심이다)'은 모두 '有热情(열정을 가지고 있다)'의 의미범주를 나타내지만, 좀 더 미세한 의미를 따지거나 구문 속의 용법에서는 상당한 차이가 있다. 즉 '有人热中于在我们中间制造不和'에서 '热中'을 '热心'으로 바꿀 수 없다. 또 어떤 사람이 다른 사람에게 관심을 가지고 도움을 주는 행위에는 '她很热心。(매우 열심이다)'이라고 말할 수 있지만, 여기에서는 '热心'을 '热中'으로 바꾸어 쓸 수 없다. 대개 한국어에서 '이다(자동사)'와 '하다(타동사)'의 차이에서 보는 것처럼 단어의 의미 내부에도 미묘한 용법의 차이가 존재하는 것을 이해할 수 있어야 한다.

2) 어휘의미

중국어에서는 어휘의미를 '词义(사의)'라고도 하는데, 대개 어휘는 구문구조를 구성하는 과정에서 독자적으로 문장성분이 될 수 있는 성분인 단어와 일치하는 경우가 많다. 하지만, 중국어에서 어휘는 단순히 단어만을 의미하는 것이 아니라, 성어(成语)나 속담, 숙어 등의 관용어(惯用语)도 어휘에 포함된다.

이러한 어휘들에 대한 의미파악은 구문의미의 이해와 밀접한 관련성을 가지기 때문에, 어휘의미를 잘 이해하게 되면 구문의 해석뿐만 아니라 작문연습과 어법분석에도 많은 도움이 된다. 만약 어휘가 가진 의미를 잘 이해하기 위해서는 대개 ①어휘의 기본의미, ②어휘의미의 변천과정, ③다의어(一词多义)의 분석, ④어휘의미의 형성배경, ⑤색채의미 등의 다섯 단계를 통해 접근해 볼 수 있다.

먼저 어휘의 기본의미는 대개 사전의 의미해석에서 첫 번째에 나타나게 되는데, 어휘가 처음 생성될 때 만들어진 의미라고 할 수 있다. 물론 어휘가 가진 의미는 언제나 변화과정에 있으며, 의미범주가 줄어들기도 하고 새로운 의미를 더하기도 한다. 비록 '电子, 原子, 血液, 毛泽东, 北京 등'과 같은 과학용어나 학술용어, 그리고 고유명사처럼 변화가 없는 '单义词(단의사)'도 존재하지만, 대부분의 어휘는 기존의 의미나 본래의 의미를 상실하지 않은 상태에서 '多义词(다의사)'가 되는 경우가 많다. 예를 들면, '老'는 본래 '나이가 많거나 늙었다(老人)'는 기본의미에서 역사가 오래되거나(王家老店), 시간이 오래 지난 것(衣服还是老式的)에도 사용된다. 또 '蔬菜本来就老，你再把肉炒得这么老，叫人怎么吃呀!'(야채가 너무 세서, 당신이 아무리 고기를 푹 익을 정도로 볶았다 하더라도 어떻게 먹겠니?)에서처럼, 채소가 너무 자랐거나 신선하지 않은 것도, 야채가 너무 익은 것도 '老'를 사용할 수 있다.

이러한 '多义词(다의사)'가 포괄하는 의미는 대개 기본의미와 파생의미로 구분하는데, 기본의미는 장기적인 사용과정에서 고정되어 나타난 것이고, 파생의미는 기본의미에서 사회문화의 변화에 따라 의미가 확장되어 나타난 것이다. 다의어의 의미는 사전에는 다양하게 존재하지만, 구체적인 언어 환경에서는 한 개의 의미로 확정되어 나타난다. 또 우리가 일반적으로 사용하는 '说, 正确, 在, 走, 看, 学生 등'은 다양한 문체에 사용될 수 있는 중성적인 의미를 지닌 단어들이지만, 수사적인 기교를 통해 드러난 색채의미에서는 그 차이를 나타낸다.[24] 이러한 다양한 의미 또한 기본의미에서부터 시작하게 되며, 다양한 파생의미 또한 어휘의 어음형식과 의미범주를 통해 대부분 유추해낼 수 있다. 따라서 특정 어휘가 가리키는 의미가 어떠한 사물이나 현상을 통해 그 명칭을 얻게 되었으며, 또 의미의 파생이 어떤 사회적 혹은 문화적 영향을 통해 생겨났는가를 파악할 수만 있다면, 우리가 그 어휘의 활용에 많은 도움을 얻을

24 문체색채를 지닌 어휘로는 먼저 과학색채를 나타내는 容积(용적), 大气(대기), 等量(등량) 등이 있다. 또 문언색채는 대개 엄중, 근엄한 의미를 나타내는데, 诞辰(탄신), 逝世(서거), 奇勋(기훈), 伟绩(위적) 등이 있으며, 진부한 의미를 나타내는 少爷, 贱内, 台甫 등도 있다.

수 있을 것이다.

예를 들면, "他的话十分中肯。"에서 밑줄 친 '中肯(zhòngkěn)'은 '요점을 파악하고, 정확히 정곡을 찌르다(抓住要点, 正中要害)'의 의미로 사용되어, 우리가 일반적으로 알고 있는 '가운데'라는 의미와 '긍정적'이라는 의미와는 다르다. 여기에서 '中'의 의미는 '정확하게 맞추다(正好对上)'을 나타내며, '肯'은 '뼈와 뼈 사이의 살점(骨与骨间的肉)'을 의미하고 있다. 물론 우리가 학습하는 과정에서 활용되는 모든 어휘의 근원을 반드시 고찰하여 운용할 필요는 없다. 사실 초급중국어에서 흔히 볼 수 있는 '吃(chi:먹다)'나 '打(da:때리다)' 등은 그 근원을 정확하게 파악하기 힘들며, 특히 중국어의 연면어(联绵词)인 琵琶(pípá:비파), 犹豫(yóuyù:유예), 蟋蟀(xīshuài:귀뚜라미), 徘徊(páihuái:배회) 등은 더더욱 근원을 파악하기 힘들다. 뿐만 아니라, 서로 다른 언어에서 동일개념으로 번역되는 어휘의 근원을 찾아보면 그 근거가 완전히 다르게 나타나는 경우도 많기 때문이다. 예를 들면, 중국어에서 '桌子'의 어원은 '高卓(고탁)'의 '卓(높다)'에서 유래되었지만, 프랑스어의 탁자 'le tableau'는 라틴어의 'tabula(목판)'에서 왔다고 전해진다.

이처럼 어휘의미는 비교적 장기간의 세월을 거치면서 비교적 큰 의미상의 차이를 드러내는 경향이 많으므로, 중국어에서도 고대의 의미와 현대의 의미가 완전히 달라진 경우에 유의하여야 한다. 예를 들어, '문언문(文言文)'에서는 반드시 고대의 의미로 해석해야 구문의미가 성립할 수 있으며, 이미 많은 파생을 거친 현대의 의미로 해석을 하면 안 된다. 또 현대중국어에서 '훔치다'의 의미로 사용되는 '偷(tou: 훔칠 투)'는 고대중국어에서 '구차하다. 게으르다'의 의미를 가졌으며, '偷食(구걸하다)'이나 '偷生(구차하게 살아나가다)' 등의 의미로도 사용되었다. 뿐만 아니라 '각박하다'로도 쓰이면서 '婾(박대할 유, 훔칠 투)'와 함께 사용되기도 하였다. 그래서 현대중국어 '偷'는 고대중국어에서의 '盜(도둑 도)' 혹은 '窃(훔치다 절)' 등과 상호 유의관계를 형성한다. 물론 고대중국어에서는 '남의 물건을 훔친 사람'을 '盜(도)'라고도 하며, 살인이나 방화를 저지른 강도를 '贼(적)'으로 구분한 것처럼 유의어 사이에도 미세한 차이가 존재하고 있다는 사실도 인식할 수 있어야 한다.

이처럼 동일한 글자나 단어가 시간이 흘러감에 따라 서로 다른 의미를 지니게 되는 데, 통시적인 측면에서 어휘의미의 변화는 대체로 다음의 네 가지 각도에서 고찰해 볼 수 있다.

(1) **의미의 확대**는 후대의 의미범위가 이전보다 넓어지는 것을 의미하는데, 한국어에서의 의미확대 현상은 '감투'가 예전에 머리에 쓰던 의관(衣冠)에서 현재는 벼슬이나 직위를 나타내는 경우가 대표적이다. 또 '다리'는 사람이나 짐승의 다리 등의 신체구조를 나타냈으나, 책상이나 지게 등의 무생물의 다리까지 적용되고 있다. 또 한자어

'세수(洗手)'는 '손을 씻는 행위'를 나타내지만, 현대는 얼굴까지 씻는 행위로 확대되었다. 그러면 중국어에서 의미가 확대된 예를 살펴보면 다음과 같은 것들이 있다.

첫째, 현대중국어에서 '사물의 맨 윗부분(꼭대기)'를 나타내는 '顶(dǐng)'은 본래 사람 신체의 일부분인 '머리의 윗부분(정수리)'을 나타내었으나, 사물의 '꼭대기'라는 의미로 그 범주가 확대되었다.[25] 현대중국어에서는 '屋顶(지붕), 山顶(산 정상), 顶点(정점) 등처럼 다양한 사물이나 추상적인 의미로 쓰이며, '顶好'에서는 최대치를 나타내는 '가장'이라는 추상적인 의미로 파생되어 부사어로 사용되기도 한다.

둘째, '好'는 본래 '용모가 아름다운 것'에 한정되었으나, 이후에는 '용모'에만 국한되지 않고 '아름답고 좋은 것, 우수한 것'이라는 의미로 확대되었다.[26] 현대중국어에서 '好'의 기본의미는 '좋다'로 굳어있으며, '好人(좋은 사람), 好事(좋은 일)' 등에 쓰이거나, 또는 일부 동사의 앞에서 '(어떤 동작을 하기가) 좋다'처럼 서술어로 해석이 되고 있다. 예를 들면, 好看(보기 좋다), 好听(듣기 좋다), 好吃(맛있다), 好闻(향기가 좋다), 好玩儿(놀기 좋다, 재밌다) 등은 '형용사+동사'의 어순이 보여주는 것처럼 '좋게

---

25 "墨子兼爱, 摩顶放踵利天下, 为之。"(孟子 盡心上)-묵자는 두루 널리 사랑하기 때문에 정수리를 갈아 발뒤축까지 이를지라도 천하를 이롭게 한다면 그것을 하느니라.

"会堂凌绝顶, 一览众山小。"(杜甫 望岳)-기필코 산꼭대기에 올라 뭇 산들이 얼마나 작은지 보리라.

26 "鬼侯有子而好。"(戰國策 越策三)-귀후에게는 딸이 있었는데 그 용모가 출중하였다.

"蜀客到江南, 長億吳山好。"(蘇軾 卜算子 感舊)-촉나라의 나그네가 강남에 왔다가 오산의 아름다움을 오랫동안 기억하노라.

○○하다'가 아니라, 한국어 해석에서처럼 '好'를 서술적 용법으로 해석하는 것이 더 자연스럽다.

세 번째, 짝을 셀 때 사용하는 '双(두 쌍)은 본래 '한 쌍의 새'를 나타내었지만,[27] 이후에는 '쌍을 이루는 것' 이라는 의미로 확대되었다.[28] 현대중국어에서 **双胞胎**(쌍둥이), **双亲**(양친), **双休日**(연휴), **双学位**(복수 학위), **双职工**(맞벌이) 등의 어휘에 보이며, **一双手**(양손), **两双袜子**(양말 두 켤레) 등에서는 양사로도 쓰이기도 한다.

네 번째, 한국어에서 잠자는 것을 표현하는 한자어 '수면(睡眠)'에 사용된 '**睡**(잠잘 수)'의 본의는 '앉아서 졸고 있는 것'을 나타내었으나, '**衣冠**(의관)을 풀지 않고 졸고 있는 것'으로 확대되었다. 이후 다시 '수면을 통칭하는 말'이 되었으며, 현대중국어에서 '잠자다'의 이음절어 '**睡觉**(shuìjiào)'도 처음에는 두 글자가 연용 된 구로 '**觉**'의 의미는 '잠이 깨다' 였다.[29] 또 '**睡觉**'가 하나의 단어로 응축되어 '**睡**', '**睡眠**'과 동의어가 되었다.

이상의 예 이외에도, '灾(재앙 재)'는 본래 '(자연적으로 발생하는) 火灾(화재)'에 사용되었으나, 이후에는 '일체의 재난'을 뜻하는 말로 확대되었다. 또 '江(강 강)'은 본래 '长江(장강/양쯔강)'을 나타내는 고유명사였으며, '河(물 하)'는 본래 '黃河'를 나타내는 고유명사였다. 후에 '강, 하천의 통칭하는 말'로 범위가 확대되었다.

---

27 "雙, 隹二枚也。"(說文 隹部)-쌍이란 새 두 마리를 말한다.

28 "我持白璧一雙, 欲獻項王"。"(史記 項羽本紀)-제가 가진 백옥 한 쌍을 항왕께 바치고자 합니다.

29 "睡觉东方日已红。"(程顥 秋日偶成) - 잠에서 깨어나 보니 동녘이 이미 밝았네.

(2) **의미의 축소**는 의미의 확대와 반대로 본래의 의미보다 그 범주가 좁아지는 것을 말한다. 우선 한국어의 예를 살펴보면, '놈'은 본래 남자를 가리키는 말이었으나, 남자를 낮추어 가리키는 말로 축소되었으며, 여자를 말인 '계집'도 여자를 낮추어 가리키는 말로 축소되었다고 할 수 있다. 또 한자어 '왜인(矮人)'은 본래 '몸집이 왜소한 사람을 가리키는 말'이었으나, 옛날 일본사람들이 한국인보다 작고 왜소했던 사실에서 '일본인(倭人)'을 가리키는 말로 축소되었다.

중국어에서도 의미가 축소된 어휘들을 많이 볼 수 있는데, 현대중국어에서 '남자 동생'을 의미하는 '弟(dì)'는 상고(上古)시대에는 남동생과 여동생을 모두 가리키는 말이었다. '구린내'를 나타내는 '臭(chòu)' 또한 고대중국어에서는 '냄새를 통칭하는 말'이었으며,[30] 또 현대중국어나 한국어에서도 '의외의 손실이나 사고' 등 부정적인 의미를 나타내는 '事故(shìgù)'는 본래 事(일)과 故(연고)가 결합된 '각종의 일'이라는 포괄적 의미[31]에서 축소된 것이다.

30 "其味酸, 其臭羶。"(呂氏春秋 孟春纪) 그 맛은 시고 냄새는 누린내가 난다. "三牲之肉, 臭而不可食。"(仲长统 昌言 理乱) 삼생(소, 양, 돼지의 세 가지 짐승)의 고기는 좋지 못한 냄새가 나서 먹지 못하겠다.

31 "凡此五物者, 治其事故。"(周礼, 秋官, 小行人) 이 다섯 가지의 것은 각기 그 일을 다스리는 것이다.

(3) **의미의 전이(转移)**란 말 그대로 본래의 의미가 다른 의미로 바뀌어서 나타나는 현상을 가리킨다. 대표적인 한국어의 예로는 '어리다'가 '어리석다'라는 의미에서 '나이가 적다'는 의미로 전이된 것이나, '어여쁘다'가 '불쌍하다'는 의미에서 '아름답다'라는 의미로 전이된 것들이 있다. 중국어에서는 고대에서 현대로 이어지면서 의미 전이가 일어난 경우가 많은데, 대개 중국어의 의미 전이 현상을 볼 수 어휘들로는 다름과 같은 것들이 있다.

첫째, 현대중국어에서 '걷다' 의미를 가리키는 '**走**(zǒu)'는 사실 고대에는 '달리다, 뛰다, 도주하다'의 의미를 나타내고 있었다. 한국어에서도 '앞잡이'를 나타내는 '**走狗**(주구)'는 고대에서는 '**狡兔死,走狗烹**(교활한 토끼자 죽자, 사냥개가 삶아 먹힌다.)'에서처럼 '사냥개(잘 달리는 개)'를 뜻하였다. **走马看花**(달리는 말에서 꽃을 감상한다.)는 '사물을 대충대충 관찰하다'는 의미를 비유하고 있다. 즉 고대중국어에서 '**走**'의 의미는 현대중국어의 '**跑**(pǎo: 달리다)'에 해당하며, 오히려 현대중국어에서는 '걷다'라는 의미로 전이(转移)되었다.

둘째, 현대중국어에서 '냄새를 맡다'라는 의미를 지닌 '**闻**(wén)'는 갑골문을 보면 사람이 꿇어앉아 귀에 손을 대고 무엇인가를 열심히 듣는 모습으로, 원래 '듣다'라는 의미를 나타내었다.[32] 아마도 현대중국어에서 귀로 듣는 행위의 '闻'이 '냄새를 맡다'처럼 코로 전이된

32 "闻之不若见之。" (荀子, 儒效) 듣는 것이 보는 것만 못하다. "灯影照无眠, 心清闻妙香。" (杜甫 大雲寺贊公房四首 詩之三) 등이 비쳐 잠을 이루지 못하나 그윽한 향냄새를 맡으니 마음은 맑아진다.

상황은 완전히 의미가 바뀌었다기보다는 외부에서 내부로 감지된 내용을 이해하는 것으로 판단할 수 있다. 지금도 **见闻**, **闻名**(유명한), **新闻**(뉴스) 등에서 '듣다'라는 의미로서 '**闻**'이 쓰이고 있다.

셋째, 현대중국어에서 '짐, 보따리' 등을 나타내는 '**行李**(xíngli)'는 원래 '양국을 왕래하는 사신'[33]을 의미하고 있었다. 여기에서 '여행하다'라는 의미가 생겨나고,[34] 다시 여행할 때 지니는 '보따리, 짐'이란 뜻으로 의미 변화가 일어났다.[35] 특히 '보따리'나 '짐'은 하나의 단어로 인식되기 때문에 두 번째 음절 '**李**'를 경성으로 읽어야 한다.

넷째, 현대중국어에서 '재미없다'의 의미로 많이 쓰이는 '**无聊**(wúliáo)'는 본래 '생활이 곤궁하며 의지할 데 없음'을 나타내었다.[36] 이후에는 '한가하여 답답하거나, 무료하다'의 의미로 쓰이게 되었다.[37] 또 '언행 등이 별 의미가 없음'을 나타내기도 한다.

다섯째, 한국어에서 '고소하다'에서의 '**告诉**'는 원래 '마음의 불평이나 억울함을 호소한다.'는 의미였지만, 현대중국어에서는 '말하다. 이야기하다'로만 쓰인다.[38] 또 현대중국어에서 '병졸'로 쓰이는 '**兵**'

---

33 "若舍鄭以爲東道主, 行李之往來, 共其乏困, 君亦無所害" (左傳 僖公三十年) 정나라에 머물 곳을 주어 접대를 하고 사신이 왕래하는데 부족한 것을 공급해주면 왕께서도 손해가 될 것은 없을 것입니다.

34 "別離已五年, 尚在行李中。"(杜甫 贈蘇四徯) 떠나온 지 이미 오 년인데 아직도 여행 중에 있다.

35 "宵則沐浴, 戒行李" (韩愈 送石处士序) 밤에 목욕을 할 때 짐을 주의해야 한다.

36 "关中无聊之民, 非久长之策也。"(汉书, 元帝纪) 성안에 생활이 어려워 의지할 데 없는 백성들이 있는데 장기적인 근본 대책이 없다.

37 "他一闲下來, 便感到无聊" (现代汉语词典) 그는 한가한 때를 보내고 무료함을 느꼈다.

38 "百姓愁怨, 情無告訴"。(后汉书, 明帝纪) 백성들이 억울한 점이 있어도 그 사정을 호소할 데가 없었다. "请你告诉他, 明天上午开会"(应用汉语词典)내일 오

자의 갑골문은 '두 손으로 도끼를 잡은 모습'으로 그려져 있는데, 본래 '전쟁을 할 때 쓰는 무기'를 나타내고 있었다. 이외에도, 얼굴을 나타내는 '面'은 '脸'으로 전이되었으며, 마시는 행위를 나타내는 '饮'이 '喝'로 바뀌어 사용되는 것 또한 전이(转移)의 예에 해당한다.

(4) **감정색채의 변화**는 화자의 청자나 제3자에 대한 주관적인 태도와 관련이 있다고 할 수 있는데, 본래 부정의미의 단어가 긍정의미로 변화되거나, 혹은 그 반대로 나타나는 경우가 대표적이다.

첫째, 현대중국어에서 '착하다'의 의미로 사용되는 '乖(guāi)' 본래 乖谬(터무니없는, 황당무계한)의 의미로 부정의미를 나타내어, '乖'와 함께 구성된 '乖张(어긋나다. 삐뚤어지다)'나 '乖戾(도리에 맞지 않다)' 등은 부정의미를 나타낼 때 사용된다. 하지만, 현대중국어에서는 '성실, 착함' 혹은 '영리함' 등의 긍정의미를 나타낸다.

둘째, 현대중국어에서는 '부패, 타락' 등의 부정의미를 나타내는 '蜕化(태화)'는 본래 '곤충이 허물을 벗는 것'라는 자연현상의 중성적 의미에서 '허물을 벗는' 행위에서 나타나는 변화현상에 대한 인간의 부정적인 감정으로 전이된 것이다.

전에 회의가 있다고 그에게 얘기해 주세요.

3. 구문구조와 통사론

넓은 의미에서의 어법(语法)은 어음의 발음규칙이나 의미의 논리 규칙 등의 모든 언어의 규칙을 의미한다고 할 수 있지만, 좁은 의미에서는 '구문론(통사론)'에 한정되어 정의되기도 한다. 우리가 일반적으로 이해하는 어법분석(语法分析)은 명사, 동사, 형용사 등의 품사분류와 주어, 술어, 목적어 등의 구문분석의 두 가지 범주로 나누어 관찰하게 된다. 현대어법학에서는 전자를 '형태론(중국어에서는 '词法' 혹은 '构词法'이라고 한다.)'이라 하고, 후자를 '구문론' 혹은 '통사론(중국어에서는 '句法' 혹은 '造句法'이라고 함.)'으로 구분하여 설명하고 있다.

우선 형태론은 단순히 품사분류만을 의미하는 것이 아니라, 이음절 이상의 어휘가 가지고 있는 구조관계에 대한 분석이 포함되어 있다. 하지만 우리가 초등학교나 중학교 등을 거치면서 모국어와 외국어를 배우는 과정에서 품사분류나 문장을 만드는 연습을 하지만, 과연 단어나 구문이 어떻게 만들어졌고, 또 규칙이 어떻게 발생하였는지 명확하게 설명해 놓은 것을 보기 힘들다. 그래서 심지어 중국사람 중에서도 중국어가 영어와 같은 서구에서처럼 품사분류가 되지 않는다는 이유로 중국어에는 어법이 없다고 말하는 사람들로 있었다. 하지만 이 세상에 존재하는 그 어떤 언어도 어법이 없을 수는 없으며,

사람과 사람 사이에서 언어의 교제가 이루어지기 어렵다. 다시 말해, 언어구조는 어순과 더불어 구문을 구성하는 성분과 성분 사이에는 어법관계와 논리관계가 '일정한 규칙'을 가지고 조합되어 있다. 그런데 중국어에서 어법이 없다는 주장이 나오게 된 배경에는 서구언어에서 주류를 이루는 형태 중심의 기능분류를 기반으로, 중국어에는 존재하지 않는 격(格)의 변화나 품사를 설명하려고 했기 때문이다.

사실 언어에 존재하는 모든 이음절 이상의 단어가 단순히 형태소의 의미를 합쳐놓은 것만이 아니며, 어법 또한 변격과 활용형에 국한될 수는 없다. 수학적 논리에 근거하면, 2 더하기 2는 4에 국한되어야 하지만, 언어는 그 이상의 의미를 표현할 수 있기 때문이다. 즉 언어에서는 동일한 단어들도 구문에서 서로 다른 위치에 놓이게 되면, 둘 혹은 그 이상의 다른 의미를 생성 할 수 있다. 이러한 의미의 변화는 어휘 자체에서의 의미만으로 생성되는 것이 아니라, 어법의 차이에 의해서 만들어지는 경우가 많다.

물론 우리가 어법을 잘 이해하기 위해서는 각각의 학문분야에서 사용되는 용어의 개념을 정확하게 이해하여야 한다. 비록 동일 용어라고 하더라도 서로 다른 환경에서 사용되는 의미범주가 다르게 작용할 수 있으며, 우리가 언어학습에서 자연스럽게 사용하는 '语法'이라는 용어 또한 서로 다른 환경에서 서로 다르게 이해될 수 있다. 예를 들면, 우리가 일반적으로 이해하는 '语法是词句的组织规律。(단어와 구절의 조합규칙)'은 그 첫 번째 의미이며, 언어학자들이 언어를 연구할 때나 논문 혹은 어법저작을 완성할 때는 또 제2, 제3의 의미로 사용될 수 있다. 또 문학이나 수사학에서 사용하고 있는 '구법(句法)'이라는 용어도 어법분석에서의 개념과 반드시 일치하는 것은 아니다.

1) 어법구조와 단어의 분석

어법구조의 분석이란 우리가 평소에 교제(대화)과정에서 사용하는 구문이 어떤 관계구조를 형성하고 있으며, 또 각각의 구문구조는 어떠한 성분으로 구성되어 있는가를 관찰하는 것을 의미한다. 그리하여 단어의 종류나 구문의 유형 등을 분류하여 귀납하게 된다. 예를 들어, 일반적으로 '我们今天要谈谈这个问题。(우리 오늘 이 문제에 관해 논의합시다.)'란 구문을 분석해 보면, '我们, 今天, 要, 谈谈, 这个, 问题'과 같이 7개의 문장성분(대개 단어)로 나누어진다.

먼저 구문구조를 분석해 보면, '我们'은 주어이며, '谈谈'은 술어가 된다. '今天'은 '要谈谈'을 수식하여 부사어(状语)가 되고, '问题'는 '谈谈'의 지배성분으로 목적어가 되며, '这个'는 '问题'를 수식하는 관형어(定语)가 된다.

둘째, 단어의 분석과정은 크게 품사분류와 형태구조의 분석으로 나눌 수 있다. 먼저 품사분류에서는 '今天'과 '问题'는 명사이며, '要'는 능원동사(조동사), '这'는 지시대사, '个'는 양사, '谈谈'은 동사 등으로 구분한다. 다시 단어는 '要, 这, 个' 등의 단순어와 '我们, 今天, 问题' 등의 합성어으로 구분되며, 합성어의 형태구조는 '今天'에서는 '今'이 '天'을 수식하는 '수식구조(편정식)'로, '问题'에서는 두 개의 형태소가 서로 평등하게 조합된 '병렬구조(연합식)' 등으로 분석한다. 또 주어인 '我们'은 대사 '我'에 접미사 '们'이 부가된 '파생어'로 구성되어 있으며, 술어로 기능하는 '谈谈'은 두 개의 동사가 중첩된 중첩식으로 구성되어 있다.

본래 어법학 연구는 구문분석을 전제로 한 '구문론(통사론)'으로부터 비롯되었다고 할 수 있으며, 단어의 분석과 연관된 형태론은 품사분류에 치우친 경향이 많았다. 그래서 중국어에서는 단어의 품사분류가 되지 않는다는 주장이 나오기도 하였으며, 단어의 형태구조는 구문구조와 일치하기 때문에 굳이 따로 연구할 필요가 없다는 주장도 있었다. 다시 말해, 중국어 어법구조의 분석은 이음절 이상의 단어에서 구절, 구문까지 동일한 분석기준을 적용하기 때문에, 구조방식의 종류를 제대로 익히게 되면 다른 언어에 비해 분석은 어렵지 않다.

고대중국어에서는 한자(汉字) 하나하나가 각각 개별 단어 역할을 했기 때문에, 단어에 대한 형태소 분석은 없었다고 할 수 있다. 하지만 현대중국어에서는 일음절의 한자 하나가 단어가 되는 경우는 그다지 많지 않으며, 이음절 이상의 단어가 더 많은 양을 차지한다. 그래서 현대중국어에서는 일음절의 한자가 형태소로 작용하는 경우가 많아졌으며, 이음절 이상의 단어에 대한 형태소 분석이 어법분석의 새로운 분야로 형태론이 등장하게 된 것이다. 특히 현대중국어에서는 삼음절에서 다음절까지 다양한 단어가 등장하게 되면서 형태소의 결합방식에 대한 분석이 중요한 역할을 차지하고 있다.

일반적으로 중국어 단어의 구성방식은 크게 단순어(单纯词)와 합성어(合成词)[39]로 구분할 수 있지만, 단순어가 반드시 하나의 한자인 단음절어로 구성되는 것은 아니다. 즉 단순어이면서 단음절로 구성된 단어는 한 개의 한자가 하나의 단어가 되는 '人, 我, 来, 去, 啊 등'을 말하며, '葡萄(포도), 玲珑(영롱하다), 蝴蝶(나비), 巧克力(초콜릿), 奥林匹克(올림픽) 등'과 같이 두 개 혹은 두 개 이상의 한자로 구성된 첩어나 외래어 등은 '다음절어(多音节语)'로 구성된 단순어이다. 그러면 형태론의 중심이 되는 합성어의 구성방식에 대해서는 아래의 도표를 통해 살펴보기로 한다.

39 한국어에서는 단순어와 복합어로 먼저 구분하고, 복합어에는 합성어와 파생어로 구분한다. 중국어에서는 먼저 단순사와 합성사로 구분하고, 다시 복합사와 파생사 혹은 부가식의 방식으로 구분한다. 여기에서 주의해야 할 점은 복합어와 합성어의 층차 분류방식이 한국어와 중국어 사이에 반대로 구성되어 있다는 것이다.

유 형			구조방식	단어예시
합성어 (合成词)	복합어 (组合式)	병렬관계 (联合式)	의미가 같거나(유사) 혹은 반대(상대)되는 두 개의 형태소가 결합함.	朋友、土地、牙齿、国家 出入、动静、悲欢、内外
		수식관계 (偏正式)	앞의 형태소가 뒤에 있는 형태소를 수식함	电话、铅笔、皮鞋、茶杯
		보충관계 (后补式)	뒤의 형태소가 뒤에 있는 형태소를 보충 설명함.	说明、改正、缩短、扩大
		술목관계 (动宾式)	앞의 동사성 형태소가 뒤의 명사성 형태소를 지배함.	结婚、签名、动员、知己
		주술구조 (主谓式)	뒤의 형태소가 앞의 형태소를 서술하거나 설명함.	地震、心疼、性急、头痛
		명량관계 (物量式)	앞의 형태소는 사물을, 뒤의 태소는 사물의 양을 나타냄. 대개 사물의 총칭을 나타냄.	车辆、马匹、纸张、书本
	파생어 (附加式)	접두사+어간	보조성분이 앞쪽에 부가됨.	老师、第一、初三、阿姨
		어간+접미사	보조성분이 뒤쪽에 부가됨.	桌子、记者、木头、演员
		접요사 (삽입식)	보조성분이 단어 중간에 삽입됨.	胡里胡涂、古里古怪

* ( ) 안은 중국어 어법 용어임.

다음으로 품사의 분류에 대해서 살펴보자. 대개 품사에 대한 분류는 학자들이 어떤 기준을 적용했는지에 따라 개인별 차이가 있겠지만, 대체로 7품사, 9품사, 12품사, 13품사 등으로 구분하는 경우가 많다. 본문은 중국어 품사분류에서 흔히 보이는 12품사를 중심으로 간단히 소개하고자 한다.

먼저 **명사(名词)**는 사람과 사물(구체적 혹은 추상적 사물을 모두 포함), 시간, 방위 등을 나타내는 단어를 말한다. 만약 7품사에서 9품사로 구분한다면, 수사나 양사 등도 명사에 귀납될 수 있다. 사람에 대한 명칭은 고유명사(毛泽东, 邓小平 등)와 일반명사(学生, 老师 등)로 구분할 수 있으며, 사물로는 구체사물(课本, 铅笔 등)과 추상사물(科学, 道德 등)로 세분할 수 있다. 또 시간명사로는 '早上, 冬季, 今天 등'이 있으며, 방위명사로는 '前头, 东, 西, 上, 下 등'이 있다.

두 번째, **동사(动词)**는 가장 복잡하게 분류가 되는데, 동작, 행위, 활동, 변화, 출현소실 등을 나타내며, 겸어문을 만드는 사동사(叫, 让, 请, 使 등), 능원동사(会, 要, 敢, 应该 등), 방향동사(上, 下, 来, 去 등), 판단사(是)를 포함한다.

세 번째, **형용사(形容词)**는 사람이나 사물의 모습이나 성질을 비롯하여, 동작, 행위, 발전, 변화 등의 상태를 나타낸다. 크게는 모습이나 형태(圆, 高, 红, 笔直 등), 성질(热, 甜, 好, 诚实 등), 상태(快, 慢, 急, 熟练 등)로 나누어 볼 수 있다.

네 번째, **수사(数词)**는 개수 및 수량을 나타내는 품사로, 기수(基数)와 서수(序数), 분수, 배수, 개략수로 구분할 수 있다. 기수는 '一, 二, 三, 十, 百, 千, 万 등' 개별 수를 지칭하며, 서수는 순서를 가리키는 것으로 '第(头)一, 第二, 第十四 등' 차례나 순서를 가리킬 때 쓰는 것이다. 분수는 '三分之一, 百分之六十 등'으로 표현하며, 배수는 '一倍, 十倍 등'으로 표시한다. 개략수는 중국어에서는 '개수(概数)'라고 하며, 숫자 뒤에 '来'를 붙여서 '十来(岁)'로 표현하거나 인접한 숫자를 겹쳐서 '四五(人)' 등으로 표현하며, 또 숫자 뒤에 '左右'를 붙여서 '一千左右' 등으로 표현할 수 있다.

다섯 번째, **양사(量词)**는 수량단위를 나타내는 단어로서, 사물의 개수를 나타내는 '수량사(数量词)'와 동작의 횟수를 나타내는 동량사(动量词)로 구분하여 살펴볼 수 있다. 먼저 수량사는 명사를 수식한다고 하여 '명량사(名量词)'라고도 하고, 사물의 단위를 나타낸다고 하여 '물량사(物量词)'라고도 부른다. 어법구조는 수량사가 '(수사)양사+명사(사물)'의 어순구조를 가지는 반면, 동량사는 '동사(동작)+(수사)양사'의 상반구조를 가지고 있다.

여섯 번째, **대사(代词)**는 한국어에서 '대명사'라는 것과 유사하나, 중국어에서는 대명사 이외에 대형용사 등으로도 쓰이기 때문에 그냥 '대사'라고 부른다. 대사는 크게 인칭대사(我, 你, 他, 它 등)와 의문대사(谁, 哪, 什么, 怎么 등), 그리고 지시대사(这, 那, 这些, 这么 등)으로 구분한다.

일곱 번째, **부사(副词)**는 동사나 형용사 앞에서 정도, 범위, 시간, 빈도, 어기, 정황 등을 묘사한다고 하는 것이 대표적 기능이나, 세부 분류 내용은 학자들마다 조금씩 다르게 나타난다. 일반적인 부사의 세부적 분류를 살펴보면, 정도부사(很, 非常, 最 등), 범위부사(全, 都 등), 시간부사(已经, 常常, 立刻 등), 빈도부사(还, 又, 再 등), 어기부사(难道, 到底 등), 상황정태부사(果然, 特意, 幸亏 등), 긍정부정부사(就是, 一定, 不, 没) 등으로 구분해 볼 수 있다.

여덟 번째, 개사(介词)는 영어의 '전치사'와 유사한 분포위치와 기능을 가져 처음에는 전치사라고 불렀다. 하지만 영어의 전치사가 대부분 문미에 오는데 비해, 중국어의 개사는 술어 앞의 부사어에 위치한다는 점에서 그 기능적 차이를 구별한 것으로 보인다. 대개 개사는 방향(기점과 종점을 포함)과 시공(시간과 공간), 대상, 목적, 배제 등으로 나누기도 한다.

아홉 번째, 연사(连词)는 '연접사', '접사'로도 부르며, 한국어의 '접속사'와 동일하게 볼 수 있다. 대개 중국어의 연사는 단어, 구절, 구문을 접속하는데, 대개 일음절의 연사(和, 跟, 与, 及 등)는 단어와 구절을 접속하여 또 다른 구절을 만들고, 이음절의 연사(不但, 而且, 虽然, 但是 등)는 단문과 단문을 연접하여 복문을 만들게 된다.

열 번째, 조사(助词)는 단어, 구절, 구문 등이 어떤 구조관계를 가지는지, 혹은 구문이 어떤 부가의미나 어기의미를 지니는지를 나타낸다. 조사는 크게 구조조사(的, 得, 地, 所 등), 동태조사(了, 着, 过), 어기조사(了, 呢, 吗, 啊 등)로 구분한다.

열한 번째, 탄사(叹词)는 화자의 감탄이나 청자에 대한 호응을 나타내며, 한국어에서의 '감탄사'를 의미한다. 감탄을 나타내는 것으로는 '哈, 啊, 哎呀 등'이 있으며, 호응을 나타내는 것으로는 '呼, 喂, 嗨 등'이 있다.

열두 번째, **의성사(拟声词)**는 사물의 소리를 모방하는 소리로, 한국어에서는 '의성어'라고 부른다. 대표적인 예로는 叮当, 玲珑, 呼啦啦 등이 있다.

이상 12개의 품사 중에서 명사, 동사, 형용사, 수사 등은 실재적인 의미를 지녔다고 하여 '실사(实词)'라고 하며, 나머지는 기능의미만을 가졌다고 하여 '허사(虚词)'라고 칭한다. 또 그중의 탄사와 의성사는 구문에서 다른 성분들과 의미나 어법관계를 이루지 않는 '독립성분'으로 기능하는데, 한국어에서는 '독립언'이라고 한다.

2) 구문구조와 문장성분의 분석

일반적으로 말해 구문구조가 완전한 체계를 갖추면, 구문이 표현하고자 하는 내용 또한 완전한 정보를 전달하게 된다. 중국어에서 단문은 대부분 주어와 술어 두 부분으로 이루어져 있고 또한 어떤 구문은 한 부분만을 가진 것도 있다.

일반적으로 하나의 단문이 완전한 의미를 표현하기 위해서는 주어와 술어가 모두 갖추어져 있어야 한다. 완전한 의미란 어떤 사건을 진술하거나, 특정 문제를 제기하거나, 무엇을 요청을 하거나, 자신의 감정을 토로하는 것 등을 말한다. 먼저 사건을 진술하는 진술문의 예를 살펴보자.

(1) 桥又宽又平。(《江山多娇》)

교량은 넓고 평평하다.

(2) 在延安人的记忆里, 主席永远穿一套总是洗得很干净的旧灰布制服。(《雪浪花》)

연안 사람들 기억 속에, 주석은 깨끗이 세탁한 낡은 회색 제복을 입은 모습으로 영원히 남아있다.

(3) 一九五一年夏, 我参加了中央人民政府南方老根据地访问团。(《花》)

1951년 여름, 나는 중앙인민정부의 남방 옛 근거지 방문단에 참가하였다.

예문(1)은 한 개의 문장으로, 주어는 '桥'이고, 술어는 '又宽又平'이다. 술어는 주어를 묘사하고, '桥'의 상태를 묘사하고 있다. 예문(2) 역시 한 개의 문장으로, 주어는 '主席'이다. 술어는 '在(延安人的记忆里, 永远穿一套总是洗得很干净的旧灰布制服)'로, 연안 사람들의 기억 속에는 주석은 낡은 회색 제복을 입은 모습으로 남아있음을 묘사하고 있다. 예문(3)의 주어는 '我'이고, 술어는 '参加(了中央人民政府南方老根据地访问团)'이며, 두 번째 의문문은 어떤 문제를 제기하거나 제시하는 것으로, 진술문과의 차이는 의문어기사와 의문부호('?')의 부가한다는데 있다.

(4) 你知道我们是从哪儿来的么?(《东风第一枝》)

(5) 樱花最盛能开几天？(《东风第一枝》)

예문(4)의 주어는 '你'이고, 술어는 '知道(我们是从哪儿来的么？)'이다. 예문(5)에서 주어는 '樱花'이고, 술어는 '(最盛能)开(几天)？'가 된다. 위의 두 문장은 문제의 제기를 통해 의문은 표시하고 있다.

요구 혹은 명령을 표시하는 구문은 명령의 어기사가 표시되기도 하고, 대개 주어가 생략되어 있다.

(6) 边防军叔叔, 快打野猪啊！(《东风第一枝》)

(7) 这个给你吧！(《花城》)

예문(6)에서 의미상의 주어는 '边防军叔叔'이나 후행하는 술어와 분리되어 있고, 후행 구문에서는 술어 '(快)打(野猪啊)'의 주어 '你'가 생략되어 있다. 예문(7)에서 주어 '我'는 생략되어 있으며, '这个'는 목적어이고, 술어는 '给'이며, '你'는 간접목적어이다. 여기에서 어기사 '吧'명령의 어기를 나타낸다.

감탄문은 대개 화자의 감정을 토로하는 내용이다.

(8) 我们要永远跟着你走！(《雪浪花》)

(9) 这是多么豪的生活啊！(《雪浪花》)

예문(8)의 주어는 '我们'이고, 술어는 '(要永远跟着你)走'이다. 내용은 매우 영원히 따르겠다는 깊은 충성심을 표현하고 있다. 예문(9)의 주어는 '这'이고, 술어는 '是(多么豪的生活啊)'이다. 이처럼 주어와 술어를 갖춘 구문은 완전한 체계를 갖추고 있을 뿐 아니라, 의미 표현 또한 완전함을 갖추고 있다.

하지만, 어떤 구문은 단지 술어만 있거나, 혹은 술어 앞에 명사성분이 존재하고 있지만, 주어가 명확하게 드러나지 않거나 확정하기 힘든 것들이 있다. 이러한 구문을 '무주어문(无主语文)'이라고 하는데, '무주어문'이 주어가 없다고 해서 구문이 어법규칙에 맞지 않는 것은 아니다. 예를 들어,

(10) 夜间, 酒了一阵春雨。(《江山多娇》)

(11) 这座发人深思的社稷坛 ! (《花城》)

예문(10)은 부사어와 술어로 구성된 '무주어문'으로('夜间'은 '酒了'의 부사어이다.), 자연 현상의 변화를 설명하고 있다. 이 구문은 본래 주어가 없는 문장으로, 임의로 구문에 주어를 부가할 수 없다. 그렇다고 해서 어떤 성분이 생략된 것도 아니지만, 구문구조나 의미의 표현에서도 전혀 어색함이 없다. 예문(11)에서는 수식어와 중심어로 이루어진 '명사구'가 구문을 구성한 것으로, '社稷坛'을 보고 느낀 화자의 주관적 감정을 감탄문으로 제시하고 있다. 만약 우리가 이 '명사구'에 술어를 첨가하

여 '这座发人深思的社稷坛是伟大的'라고 표현하거나, 주어를 첨가하여 '最伟大的建筑是这座发人深思的社稷坛'라고 표현한다면, 본래 의미와는 완전히 일치하지는 않는다. 왜냐하면, 화자가 감탄문을 사용한 것은 단지 자신의 느낌을 강조해서 표현한 것이므로, 보다 완전한 의미를 갖추기 위해 임의로 주어 혹은 술어를 붙이면, 오히려 '사족(蛇足)'이 된다.

특정 언어의 어법구조를 분석하기 위해서는 반드시 그 언어에 합당한 합법적인 공식이 필요하다. 비록 공식은 추상적인 틀이지만, 한정된 일정한 틀 속에 존재해야 한다.

今天	要 不	谈 谈谈	这个 两个 这两个	问题

위의 제시한 문장성분은 동일한 어법구조를 가진 12개의 구문으로 구성해 볼 수 있는데, 그중에서 5개의 구문은 현대중국어에서는 어법에 맞지 않아 사용되지 않는다.[40]

今天要谈这个问题。	今天不谈这个问题。
今天要谈两个问题。	*今天不谈两个问题。
今天要谈这两个问题。	今天不谈这两个问题。
今天要谈谈这个问题。	*今天不谈谈这个问题。
*今天要谈谈两个问题。	*今天不谈谈两个问题。
今天要谈谈这两个问题。	*今天不谈谈这两个问题。

40 본문에서 언급하는 예문과 합법성의 여부는 여숙상(吕叔湘)의 <怎么学习语法>, (中华函授学校编, ≪语文学习的基础≫, 商务印书馆, 1981년, 156쪽)에서 인용했음.

이상의 표를 보면, 어법에 맞지 않는 5개의 구문은 긍정문에서는 동사중첩이 되는 경우에는 '两个'가 성립되지 않는다. 부정문에서는 '不谈这个问题', '不谈这两个问题'만 성립하고 '不谈两个问题'나 중첩된 경우에는 '不谈谈这个问题', '不谈谈这两个问题' 모두 성립하지 않음을 알 수 있다.

3) 어법구조와 의미변화

(1) 어순이 달라지면, 의미도 달라진다.

한국어는 '구'와 '절'을 분리하여 '주술구조'를 절로 취급하지만, 중국어에서는 '수식구조', '술목구조', '술보구조', '주술구조'를 모두 '词组(단어조합, 구)'로 통합하여 분석한다. 이것은 앞에서 언급했던 표점부호하고도 관련이 있다. 특히 중국어는 어법관계를 나타내는 형태성분(조사 등)이 거의 없기 때문에, 이들의 이음절 이상의 단어조합에서는 어순을 달리함으로써 서로 다른 구조방식으로 전환될 수 있다. 그러면 동일한 형태소를 가지고 있더라도, 어순의 변화에 따라 의미범주가 변화되어 나타날 수 있다.

즉 형태소 A와 형태소 B가 'A+B'로 구성된 단어를 'B+A'로 그 순서를 바꾸면 전혀 다른 의미를 나타낼 수 있다. 예를 들면 '五十(오십)'의 형태구조를 거꾸로 바꾸면 '十五(십오)'가 되고, '电费'(전기세, 전기요금)를 반대로 하면 '费电'(전기를 사용하다, 전기를 낭비하다)이 된다. 이외에도, 白灰(석회)와 灰白(회백색), 北海(북해)와 海北(바다의 북쪽), 背后(배후)와 后背(후배), 本人(본인)과 人本(인본) 등도 유사한 특징을 지니고 있으며, '包不脱底(가방을 벗지 않고)'의 역으로 읽으면, '底脱不包(바닥을 제외하고)'가 된다. 또 이와 유사한 구절구조로는 단어의 결합인 구절구조 또한 '创作小说'(창작소설)은 소설작품 중의 한 종류를 의미하며, '小说创作'은 '소설을 창작'하는 활동이 된다. 이와 유사한 예로는 '严重后果(심히 좋지 않은 결과)'와 '后果严重(결과가 매우 나쁘다)', '经济发展(경제발전)과 发展经济(경제를 발전시키다)' 등 많은 구절이 사용된다. '资本主义国家(자본주의 국가)'는 '국가'의 체제를 가리키고, '国家资本主义(국가자본주의)'는 '경제제도' 중의 하나를 의미하는 것처럼, 결합의 초점이 달라지면 의미도 달라지게 된다.

다시 구문구조 내부에서 수식어의 어순이 바뀌면, 그 의미가 완전히 다르게 표현되기도 한다. 예를 들면, "狗咬人(개사 사람을 물다)"과 "人咬狗(사람이 개를 물다)", "人不犯我(다른 사람이 나를 해치지 않는다)"과 "我不犯人(나는 다른 사람을 해하지 않는다)" 등이 있다. 만약 의견이 일치되지 않아 더 대화가 필요한 경우에, "一会儿再谈!(좀 있다가, 다시 얘기하자)"은 '지금은 말하기가 여의치 않으니, 조금 뒤에 다시 하자'는 것이고, "再谈一

会儿!(다시 이야기를 좀 더 하자)"는 '지금 한 이야기로는 충분하지 않으니, 이야기를 조금 더 하자는 의미이다. 또 날씨의 상황을 설명하는 경우에도, "三天总得下一场雨。(삼일만에 한 번 비가 왔다)"는 비가 아마도 더 내릴 수 있다는 것이고, "一场雨总得下三天。(한바탕 비가 3일 동안 계속해서 내렸다)"라는 의미로 '정말 믿을 수 없다'는 의미를 비유하고 있다.

뿐만 아니라, 부사어의 위치역전을 통해 의미가 달라지는 경우가 있는데, 他的话没有完全错(그의 말은 완전히 틀린 것은 아니다)와 他的话完全没有错(그의 말은 완전이 틀렸다)는 부분부정과 전체부정의 차이를 보이며, 또 "她是不止一个孩子的母亲。(그녀는 단지 한 아이의 어머니가 아니다.)"라는 구문은 "더 많은 아이들이 있다."라는 의미가 숨어 있으며, '她不止是一个孩子的母亲'은 "그녀는 한 아이의 어머니로 거치는 것이 아니라, 또 다른 역할을 하고 있음"을 의미한다. 다시 일상 회화에서 볼 수 있는 "你今天晚上能来吗？"의 의미 초점은 '올 수 있는지 없는지' 묻는 것이고, "你能今天晚上来吗？"의 의미 초점은 '저녁에 올 수 있는지'에 대한 시간을 묻고 있다.

(2) 구두점(句读)을 달리하면, 내용도 달라진다.

앞에서 언급했듯이 중국어에는 어휘의 기능에 따른 형태변화가 없으며, 특히 고대중국어에는 띄어쓰기나 표점부호도 없었다. 그래서 옛날 중국 사람들은 구두점(句读)을 통해 풍자나 유머에 활용하기도 하였다. 예를 들면, 갑자기 비가 오기 시작하니, 집에 왔던 손님들이 좀 더 머무를 요량으로 다음과 같이 문구를 써 주인에게 보였다고 한다.

客: 下雨天留客。

위 예문의 의미는 '비오는 날이 객을 머무르게 한다.'라는 의미를 지닌다. 하지만, 손님이 빨리 떠나기를 원했던 주인은 손님들이 쓴 시구에 다시 다섯 글자를 덧붙여 다음과 같이 시구를 만들었다.

主: 下雨天留客, 天留人不留。

뒤 구절의 '天留人不留'는 "날씨는 사람을 머물게 하나, 머물지 않는다'의 의미를 지닌다. 그러자 손님은 열 개의 시구에 네 개의 방점을 찍어, "下雨天, 留客天, 留人不？留。(비가 오는 날은 손님이 머무르는 날, 머무르게 할까요? 머무른다.)"라고 4개의 구절을 만들어 표현하자 주인은 할 말을 잊었다고 한다.

현대중국어는 격조사 등과 같은 형태변화를 담당하는 성분이 제대로 갖추어지지 않았기 때문에, 어떻게 구조분석을 하느냐에 따라 해석이 달라지기도 한다. 예를 들면, '我和你的老師'라는 구절은 '老师(선생님)'이 두 분(나의 선생님과 너의 선생님)일

수도 있고, 또 (나와 너의 | 선생님)처럼 한 분(우리 선생님)이 될 수도 있다. 아마도 한국어였다면, '우리 선생님'으로 하여 한 분이 되거나, 혹은 '우리 선생님'과 '너희 선생님'의 두 분으로 구분하지 않았을까 한다. 만약 '我的老師和你的老師'처럼 완전히 구절을 정리하여야겠지만, 중국어에서는 '我和你'에 하나의 '的'를 연결함으로써, 접속사 '和'가 어떻게 작용했느냐에 따라 의미가 달라진다. 현대중국어에서도 앞의 고대중국어에서 보았던 것처럼, 동일한 구문에서 격조사나 쉼표(중국어에서는 '逗号'라고 함) 등을 바꾸면 다른 의미를 표현하게 된다.

你爱爸爸不爱? → 你爱, 爸爸不爱。

뿐만 아니라, 중국어에는 한국어에 없는 '顿号(、)'라는 표점부호가 있는데, '逗号(,)'와 정확하게 구별하지 못하면 전혀 다른 정보가 전달될 수 있다.

小王、小李做作业 → 小王, 小李做作业 → 小王! 小李做作业呢?

또 구문의 단순화가 필요한 신문의 표제어에서 일어나는 예를 보면, '报告文学的丰收'라는 표제어는 중국문학계에 존재하는 '보고문학'이란 장르가 있어 '보고(형식) 문학의 풍작'이라 해석할 것인지, 혹은 '报告'를 동사술어로 보아 '문학의 풍작을 보고하다.'라고 해석할 수 있다.

한국어에서도 '아버지가 방에 들어가신다.'를 '아버지 가방에 들어가신다.'처럼 띄어쓰기를 잘못하여 오해를 가져오는 일이 있듯이 중국어에서는 어디를 끊어서 읽느냐에 따라 그 뜻이 전혀 다르게 나타나거나, 의미를 잘못 해석하여 많은 오해를 가져올 수 있으므로 구문분석에 특히 유의하여야 한다.

(3) 어법관계가 다르면, 의미도 달라진다.

우선 한국어와 같이 목적어가 술어 앞에 오는 언어에서는 주어와 목적어의 위치가 달라져도 조사의 적절한 활용을 통해 구문의 의미를 동일하게 표현할 수 있지만, 반대로 술어가 목적어 앞에 오는 언어에서는 어순에 대한 의미의 차이가 민감하게 작용한다. 특히 조사나 어미 등의 활용이 미미한 중국어에서는 더욱 어순에 민감한데, 동일한 문장성분으로 구성된 '煮饺子(吃)'와 '(吃)煮饺子'에서 술어 '吃'의 위치에 어디에 있느냐에 따라 '煮饺子(만두를 찌다)'의 어법기능은 다르게 나타난다. 즉 동사 '吃(먹다)'가 뒤에 오는 경우에는 '만두를 쪄서 먹다'로 되어 연동식이 되며, '吃(먹다)'가 앞에 경우에는 '찐만두를 먹다'가 되어 술목구조가 된다. 또 '煮'와 '饺子'의 어법관계 또한 달라질 수 있는데, 전자는 '만두를 삶다'가 되어 '술목구조'를 구성하며, 후자에서는 '煮'와 '饺子' 사이의 어법관계가 달라져 '삶은 만두(수식구조)'가 된다.

또 다른 예를 들어보면, 만약 "他这个人谁都认得"라는 구문을 '그는 누구라도 알고 있다.(그 사람이 많은 사람들을 알고 있다.)'라고 해석하면, '他'는 '认得'의 주체가 되지만, '그 사람은 누구라도 모르는 사람이 없다.(그 사람을 아는 사람들이 많다.)'라는 의미로 해석을 하게 되면, 주어의 위치에 있는 '他'는 객체가 된다. 뿐만 아니라, 성분 상호 간의 어법관계가 동일하더라도, 중국인의 언어행위와 관련된 논리적인 판단이 요구되는 구문도 있다.

언어에서 명칭이 정해지고 나면 사람들은 그 명칭이 가지는 의미의 지배를 받게 되는데, 이전 베이징의 한 거리에 '女子理发室(여자이발실)'라는 간판이 걸린 이발소가 있었다고 한다. 그래서 그 거리를 지나던 남성들은 감히 그 이발관 안으로 들어가서 이발을 할 엄두도 내지 못했는데, 사실 간판 양쪽에 '男女理发(남녀이발)'과 '式样新颖(신식스타일)'이라는 두 개의 대구형식의 글귀가 마주하고 있었다. 비록 간판만을 보면 '女子'만이 들어갈 수 있을 것으로 여기겠지만, 간판의 양면에 있는 대구형식의 구절은 남녀이발을 모두 하고 있음을 알려주고 있다. 우리는 사회생활에서 쉽게 보이는 큰 글씨의 간판만을 보고 판단하는 경우가 많으며, 간판의 양면에 있는 작은 글씨의 보조 설명을 보지 않는 경우가 많다. 사실 한국에서도 과거에는 '미용실'은 여성 전용 이발소였으며, 남성들이 주로 가는 곳은

'이발관' 혹은 '이발소'로 남녀가 구별되었다. 비록 현재의 미용실은 남녀가 모두 이용하는 장소가 되었으나, '이발소'는 여전히 남자들만의 전용공간으로 남아 있다.

이러한 것을 보면, 어휘의 선택이나 구절을 구성하는 데에도, 글자 하나하나의 의미뿐만 아니라, 어법적인 의미들을 고려하는 것은 매우 당연하다고 할 수 있다. 즉 격변화나 위치변화 등의 '형태'적 특징이나, 주어와 술어의 일치, 수식어와 피수식어의 일치, 동사 또는 개사의 목적어 등과 같은 통사적 특징도 고려하지 않을 수 없다. 물론 앞에서 언급했던 어법특징들이 모든 언어에 존재하는 것은 아니지만, 언어학습을 위해서는 최소한 그 언어가 지니고 있는 주요한 어법적 특징을 이해하는 것이 무엇보다 중요하다.

제2부
중국 문학

'문학'이란 용어는 춘추시대(春秋时代)에 공자의 제자들이 엮은 것으로 알려진 ≪논어(论语)≫에서 처음 사용한 것으로 보인다. 공자는 자신들의 제자를 평가하는 과정에서 "文学, 子游, 子夏"(문학에 뛰어난 자로 자유, 자하가 있다)라 하였는데, 여기서 의미하는 문학은 '학술(学术)'의 의미를 지니고 있었다.

현재 우리가 사용하고 있는 문학이란 용어는 근대기에 일본이 영어 'Literature'를 한자어 '문학(文学)'으로 번역하면서부터 본격적으로 상용화된 말이다. 영어 'Literature'의 번역어로서 문학은 '언어예술'이라는 의미를 지니는데, 언어로 이루어졌다는 측면에서 음악, 미술 등과 같은 여타 예술과 구별된다. 그리고 문학은 예술의 한 장르이기 때문에 일반적인 언어활동이나 기록 등과는 차이를 보인다.

중국에서 근대적 의미의 문학, 즉 'Literature'의 함의를 지닌 문학용어가 처음 등장한 것은 '문학이론'에 관한 저작이 나오기 시작한 위진시대(魏晋时代)부터라고 할 수 있다. 이 당시의 중국문학은 운(韵)이 있는 '문(文)'과 운이 없는 '필(笔)'로 구분되었는데, 우선 시(诗), 사(词), 곡(曲), 부(赋), 악부(乐府) 등 내용적으로 개인적 감정이 풍부하고 운이 있는 서정 장르가 문(文)에 해당한다. '문(文)'과 대비되는 '필(笔)'은 소설(小说), 전기(传奇), 잡극(杂剧) 등과 같이 서사(叙事)가 주가 되는 서사장르 및 역사서와 같은 기타 산문(散文)들이 이에 해당한다.

제7강 중국 문학의 배경

중국의 전통문화 속에서 가장 큰 비중을 차지하고 있는 것이 '중국문학'이라고 할 수 있는데, 우리가 익히 알고 있는 중국의 문화콘텐츠 대부분이 문학과 관련이 있다. 지금도 끊임없이 새로이 탄생하고 있는 삼국지, 수호전, 서유기 관련 영화, 드라마, 게임 등은 모두가 문학에 그 기반을 두고 있다. 단일 국가로서 문학에 기반을 둔 문화콘텐츠를 이처럼 많이 가진 나라로는 중국이 거의 유일하다고 할 수 있다. 그리고 중국 문학이 문화콘텐츠의 보고로서 큰 역할을 할 수 있었던 것은 중국 특유의 문학적 배경이 있었기 때문이다.

중국문학의 배경은 다양한 측면에서 살펴볼 수 있는데, 여기서는 크게 역사, 지리, 사상적 측면을 통해 살펴보고자 한다.

1. 역사적 배경

비록 수많은 왕조가 건립되고 사라져갔지만 인류 문명사의 관점에서 볼 때, 중국은 여전히 황하문명의 연장선에 있다. 황하문명과 더불어 인류의 '사대문명(四大文明)'으로 일컬어지는 메소포타미아문명, 이집트문명, 인더스문명 등 3개의 문명은 모두 중도에 단절되었지만, 유일하게 황하문명만은 현재까지 '중국(中国)이라는 이름으로 남아 있다. 중국 문학은 바로 이러한 단절 없는 역사를 배경으로 살아있는 문화를 이어나가고 있다.

1) 중단 없는 역사

먼저 현재의 중국을 역사적으로 이끌어왔던 고대 중국의 왕조 변천사를 간단히 요약하면 아래와 같다.

> 三皇五帝-夏-殷(商)-周(春秋战国)-秦-汉-魏晋南北朝-隋-唐-宋-元-明-清-中华民国-中华人民共和国

중국의 역사에서 왕조의 교체는 비록 빈번하였으나, 진한 이후 봉건왕조의 통치시스템이나 통치이데올로기는 거의 변화가 없었다. 이처럼 커다란 변화를 거치지 않고 이어져 온 삼천 년의 역사는 바로 중국문학의 가장 중요한 특징이라 할 수 있다. 중국에서 가장 오래된 시가집인 ≪시경(诗经)≫은 지금으로부터 약 2500~3000년 전에 기록된 것이다. 비슷한 시기에 서양에서도 ≪일리아드≫나 ≪오디세이아≫와 같은 서사시가 있었고, 이집트나 인도에서도 앞선 시기의 문학작품이 있었다고 전해지고 있다. 하지만 이들 지역의 문학은 후세까지 이어서 전해지지 못하고 단절되어 버렸다. 반면 ≪시경(诗经)≫에서 시작한 시(诗)적 장르는 한나라 시대 악부시(乐府诗)에서 위진 이래 수많은 문인들의 시에 이르기까지 끊임없이 계승발전 되었다.

그렇다면 중국문학이 이처럼 단절 없이 유지될 수 있었던 까닭은 무엇인가? 이는 아래에서 살펴볼 바와 같이 유교적 사회제도를 기반으로 둔 안정적 봉건국가의 성립과 표의문자인 한자의 문화적 응집력과 관련이 있다.

2) 진(秦)과 한(汉)의 중국 통일

중국의 문학이 오랜 세월을 꾸준히 지속시킬 수 있었던 이유는 앞에서 말한 것처럼, 전통적 봉건 체제가 계속 유지될 수 있었던 것과 밀접한 관련이 있다. 우선, 중국은 지리적으로 비교적 안정적으로 농사를 지을 수 있는 적합한 기후대에 위치하였기 때문에 일찌감치 정착생활을 통해 고대문명을 꽃피울 수 있었다. 다음으로 진(秦)나라의 통일은 중국이 고대국가로서 지속될 수 있는 기반을 마련하였다. 중국을 최초로 통일한 진시황제는 군현제를 실시하여 법률, 문자, 도량형 등을 정비하였는데, 이는 고대국가의 기본적인 사회 시스템을 마련한 것이라 할 수 있다. 그리고 한(汉)나라의 한무제(汉武帝)는 동중서

(董仲舒)의 의견을 받아들여 유가사상(儒家思想)을 국교로 채택하였는데, 이는 안정적으로 고대 봉건국가를 유지할 수 있는 세련된 통치이데올로기를 마련한 것이라 할 수 있다. 중국의 문학작품이 삼천여 년 동안 문학이념이나 문장형식 등의 방면에서 큰 변동 없이 지속해 올 수 있었던 것도 바로 진과 한나라 이후 통일된 나라를 지향했던 중국인의 의식구조와 밀접한 관련이 있다 할 수 있다.

3) 한자의 사용

중국문학은 중국어 특유의 표의문자인 한자(汉字)를 보유함으로써, 고대에서부터 현재까지 중국인민들의 생활상을 그대로 담아내고 있다. 가장 오래된 문학작품으로 평가받는 역사서 ≪서경(书经)≫(B.C 600년경)과 시집 ≪시경(诗经)≫(B.C 470년경) 등을 옛날 그대로의 모습으로 볼 수 있는 것은 한자(汉字)가 지닌 언어의 힘이라고 할 수 있다.

한자는 갑골문(甲骨文)이 형성된 이후 약 1500년이라는 긴 시간을 거치면서 완성되었지만, 한자가 가진 표의성은 매우 강인한 생명력으로 중국 역사의 다양한 기록을 담당하게 된다. 예를 들어 2000여년 전에 쓰여진 ≪논어(论语)≫를 현대의 중국인들이 읽어낼 수 있다는 점은, 표음문자로 쓰인 16세기 셰익

스피어 원작을 현대 영미인들은 전혀 읽을 수 없는 것과 대비된다. 중국의 문학작품이 약 3천여 년 동안 문자나 문장형태, 문학이념, 문장의식 등이 큰 변동 없이 유지되고 있는 것은 바로 한자가 지닌 강력한 표의성과 이에 기반한 문화적 응집력 때문이었다고 말할 수 있다.

2. 지리적 배경

중국은 지리적으로 한대(寒带)에서 열대(热带)에 이르기까지 광활한 지역을 보유하고 있음을 자랑하는데, 이러한 자연환경은 고대로 올라갈수록 인간의 문화 활동에 많은 영향을 미치게 된다. 중국의 광활한 영토는 남북으로 뚜렷한 지리적 차이를 조성하여 중국문학이 황하를 중심으로 한 북방문학과 장강을 중심으로 한 남방문학으로 양분되어 개성적으로 발전하게 하는 주요한 역할을 하였다.

1) 북방의 지리적 특징

중국에서 북방(北方)이라 함은 황하유역을 중심으로 그 이북 지방을 가리키며, 기후가 한랭하며 초목이 잘 자라지 않는

지역이다. 게다가 황하가 주기적으로 범람하거나 가뭄이 잦은 지역이어서 사람이 살아가기에 불리한 자연환경을 가지고 있다. 즉, 북방지역은 사람들의 생활에 필요한 물자의 생산이 풍부하지 못했기 때문에 생존을 위한 다툼이 많았다는 특징을 지니고 있다.

그래서 북방에는 현실주의적 인생관과 철학이 자라나게 되었는데, 사회와 현실의 질서를 중시하는 유가사상은 바로 이러한 자연환경 속에서 형성되었다. 북방문학의 현실주의적 경향은 ≪시경(诗经)≫에서 잘 나타나고 있는데, 시(诗)의 주요 내용은 사회나 정치와 밀접한 관련이 있는 사람들의 일상생활을 주로 그려내고 있다.

한편, ≪시경(诗经)≫의 문체는 4언(四言)으로 구성되어 있는데, 4언체의 주요 특징은 빠른 템포로 남성적 기풍을 지니고 있다는 점이다. 이러한 북방문학의 형태적 특징은 유목사회를 바탕으로 발전했던 악기(乐器)의 발전과 밀접하게 관련되어 있다. 즉 북방의 유목생활은 다양한 가축을 길렀기 때문에, 북과 같은 타악기를 만드는 재료인 동물의 가죽을 쉽게 구할 수 있었다. 당시 ≪시경(诗经)≫의 문체 형식이 4언체로 구성된 것도 당시 시(诗)의 내용이 노래 가사를 바탕으로 하고 있어서 타악기 리듬에 더욱 어울리기 때문이다.

2) 남방의 지리적 특징

남방(南方)은 장강(长江) 유역의 남쪽 지역을 가리키며, 기후가 온난하여 초목이 무성하게 자라있는 지역이다. 이 지역은 장강의 풍부한 수량과 함께 내륙 깊은 곳까지 많은 지류가 연결되어 있어, 일찍부터 물길을 통한 경제활동이 발달하여 사람들이 살아가기에 상대적으로 좋은 환경을 가지고 있다. 그래서 남방사람들은 필요한 물자가 풍부하고, 의식주에 대한 걱정이 없었기 때문에, 북방사람들에 비해 여유로운 생활을 할 수 있었다.

따라서 현실생활에 대한 부담이 상대적으로 적었던 남방사람들은 공상적이고 낭만적인 인생관과 철학을 가지고 있었으며, 개인의 이상 및 자연과의 조화를 중시하는 도가사상도 바로 이러한 자연환경과 결부된다고 할 수 있다. 남방의 낭만적인 경향은 남방문학을 대표하는 ≪초사(楚辭)≫를 통해 잘 드러나는데, 주요 내용은 작자의 이상과 환상을 낭만적으로 노래한 것들이 많다.

≪초사(楚辭)≫의 문체는 3언을 중첩하고 중간에 어조사를 첨가한 7언체가 많으며, 템포가 느리고 여성적 성향을 지닌 것으로 평가된다. 이 또한 남방의 기후와 생활에 관련된 악기의 발전과도 연관되어 있는데, 남방은 고온 다습한 기후로 인하여 가죽이 늘어나기 때문에 북방처럼 북과 같은 타악기를 사

용하기 쉽지 않다. 대신 따뜻한 기후에서 잘 자라는 대나무를 이용한 관악기가 발달하였으며, 관악기의 느린 리듬에 어울리는 7언체가 발달하게 되었다.

3. 사상적 배경

중국문학의 사상적 특징은 유가사상과 도가사상의 결합이다. 유가사상은 북방을 대표하는 사상으로, 현실주의, 복고주의, 예교주의적 특징을 지니고 있다. 이와 달리, 도가사상이 지향하는 비현실주의 및 자연주의 이상은 인위적 창작보다는 자연스러움에 초점을 두고 있으며, 유가가 비판하고 홀시하였던 가공성과 허구성을 보충함으로써 중국문학의 내용을 풍부하게 하였다.

1) 유가사상

유가의 근본목표는 사회질서와 안녕을 토대로 대동사회(大同社会)를 실현하는 것이며, 공자는 이러한 기존의 유가사상(儒家思想)을 더욱더 창조적으로 집대성함으로써 이후 중국 전통사회의 정신적 지주가 되었다. 대동사회(大同社会)는 예(礼)로써 유지되는 것이기 때문에 기존의 유가들은 특히 예(礼)를 중시하였다. 하지만 공자는 예(礼)만을 중시하기보다는 예(礼)의 출발점이 되는 사회적 의(义)와 개인적 인(仁)의 실천을 강조함으로써, 여기에 중국문학 특유의 유가적 문학관이 생겨났다. 즉, 개인의 인격 수양과 사회적 공리(功利)를 예악(礼乐)으로써 실현하고자 하는 현실적인 공리주의(功利主义) 문학관이 성립되었다. 그러나 유가사상에 입각한 문학관은 때로는 성인(圣人)의 말이나 경전의 내용을 중시함으로써 창의성이 부족하고 복고나 형식주의에 빠지는 폐단을 낳기도 하였다.

2) 도가사상

중국문학의 또 다른 정신세계는 노자의 사상에 기반을 둔 도가사상(道家思想)으로, 유가사상과 함께 중국 전통사회의 또 다른 정신적 지주가 되었다. 도가의 근본목표는 과도하게 인위적인 것을 강조하는 유가의 폐단에서 벗어날 것을 강조하며, 자연으로 돌아가 자연의 법칙인 도(道)를 체득하도록 하는 것이다. 도가에서 말하는 도(道)는 '무위자연(无为自然)'을 추구하는 것으로, 인위적으로 행하지 않아도 저절로 이루어진다는 특징을 지니고 있다. 그리고 도의 체득은 자연과 하나 되는 과정이며 극히 개인적이며, 신비한 체험의 과정이라 할 수 있다.

이러한 도가사상의 영향을 받은 문학관은 사회적 공리성을 강조한 유가적 문학관이 놓치고 있는 개인의 개성과 상상력을 중시하였다는 측면에서 문학사적으로 의의가 크다.

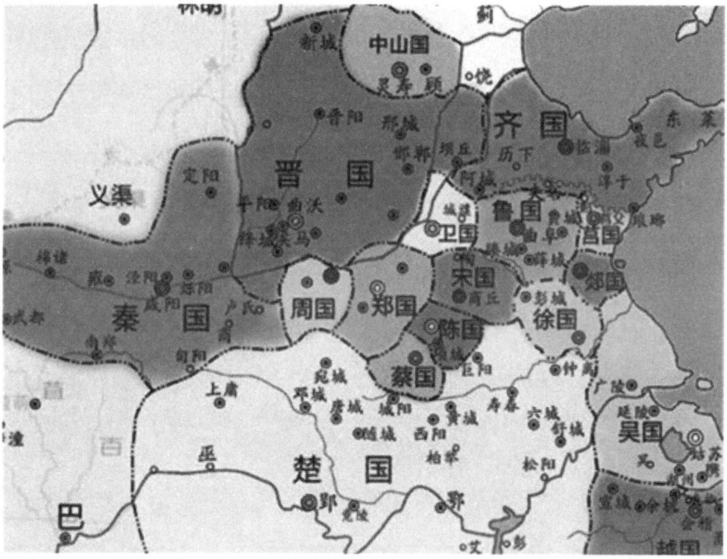

제8강 중국문학의 흐름

중국문학에 대한 사(史)적 분류는 크게는 고대문학(古代文学)과 현당대문학(现当代文学)으로 이분(二分)하거나, 고대(古代), 현대(现代), 당대(当代) 등으로 삼분(三分)하기도 한다. 하지만 일반적으로 삼분법의 고대와 현대 사이에 근대(近代)를 삽입한 사분법(四分法)이 가장 많이 활용되고 있다.

古代문학 : 주대(周代)의 시경(诗经)에서 청대(清代)의 아편전쟁까지(1840)
近代문학 : 아편전쟁에서 1919년 五·四 신문화운동전까지
现代문학 : 1919년 五·四 신문화운동부터 1949년 중화인민공화국 성립까지
当代문학 : 1949년부터 현재까지

그런데 어떤 방식으로 구분하더라도 고대문학이 중국문학사의 거의 대부분을 차지하고 있으며, 중국의 사회 정치적 변동에 따른 분류라는 한계를 가지고 있음을 알 수 있다. 여기서는 문학 자체의 변화과정을 1. 문학의 맹아기인 선진시기(先秦时期), 2. 문학에 대한 자각이 생기고 문인이 탄생하기 시작한 한위진남북조시기(汉魏晋南北朝时期), 3. 서정문학의 전성기인 당송시기(唐宋时期) 4. 서사문학의 전성기인 명청시기(明清时期)의 순서로 나누어 살펴본다.

1. 문학의 맹아기 : 선진시기(先秦时期)

선진(先秦)이란 중국을 최초로 통일한 진(秦)나라 이전의 시기를 말하며, 선진문학은 상고시대부터 진(秦)나라 이전까지의 문학을 지칭하는 말이다. 이 시기는 선사(先史)시기로부터 갑골문(甲骨文)의 발견으로 드러난 은(殷)나라를 포함하고 있으나, 대부분의 문학작품은 ≪서경(书经)≫과 ≪시경(诗经)≫을 기록한 주(周)나라에서부터 시작하고 있다. 그리고 춘추전국시기 제자백가(诸子百家)들의 사상을 정리한 ≪논어(论语)≫, ≪맹자(孟子)≫, ≪노자(老子)≫, ≪한비자(韩非子)≫ 등과 같은 입언(立言)의 글들 또한 제자산문(诸子散文)이라는 이름으로 중국문학사에 이름을 올리기도 한다.

선진시기 대표적인 문학작품으로는 중국 최초의 시가집인 ≪시경(诗经)≫이 있으며, 중국 전통 산문의 효시로 평가받는 ≪서경(书经)≫이 있다. ≪시경(诗经)≫은 서주(西周) 초인 B.C. 1100년경에서 춘추(春秋)시대 중엽인 B.C. 600년 무렵에 이르는 약 500년 사이에 각 지역에서 불리던 민간 가요와 사대부들의 노래 및 왕실의 연회·의식이나 종묘 제례에서 부르던 노래 가사를 후세 사람이 정리하여 편찬한 것으로 추정하고 있다. ≪상서(尚书)≫ 또는 ≪서(书)≫라 불리는 ≪서경(书经)≫은 요순시대부터 시작하여 하(夏), 은(殷), 주(周) 삼대에 이르는 시기의 왕과 신하들의 언행을 기록한 역사서로 BC 600년경에 만들어진 것으로 추정하고 있다.

그리고 ≪시경(诗经)≫과 비슷한 시기에 남방의 양자강 유역을 중심으로 '초사(楚辞)'라는 노래 가사 형식의 문학 장르가 나왔는데, 대표 작가로는 ≪이소(离骚)≫를 지은 굴원(屈原)이 있다. 이 외에도 인간들이 노동하는 과정에서 가무와 더불어 생산된 '원시시가(原始诗歌)'가 있었을 것으로 추정된다. 또 자연법칙을 알아내고 자연을 정복하려는 고대인들의 욕망을 우주와 운명에 대한 풍부한 환상으로 빚어낸 '신화전설'이 있는데, 이는 이후 산문이나 소설 창작의 주요한 소재가 되었다.

≪시경(诗经)≫

선진시기(先秦时期)의 중국문학은 아직은 본격적인 문학창작이 시작되지 않았던 문학의 맹아기로서 작가가 누구인지 정확히 알 수 없거나 작가의 개성이 드러나지 않는 작품이 대부분을 차지하고 있다.

2. 문학의 자각과 문인의 탄생 : 한위진남북조시기

1) 한(汉)나라 시기

진시황이 중국을 통일한 이래 도량형의 통일, 정치제도의 완비 등으로 국가체제가 자리잡기 시작했으며, 중국은 마침내 통일국가라는 새로운 국면을 맞이하였다. 하지만, 진나라가 내분으로 너무 빨리 멸망하게 되면서 다시 혼란기에 접어들고, 한나라의 재통일과 더불어 중국문학사는 새로운 전기(转期)를 맞이하게 된다.

비록 진나라는 너무 빨리 멸망하였지만, 진시황의 주요 업적인 한자의 통일은 중국문학의 발전에 새로운 기반을 마련하게 된다. 진시황 때 통일 문자로 정리된 '소전(小篆)'은 이전의 '대전(大篆)'에 비해 필획이 많이 간소화되기는 하였으나, 여전히 기록하기에 불편한 점이 많았다. 그래서 진나라의 하급관리들은 소전을 더욱 간략화 한 예서(隶书)를 사용하였는데, 이 예서체는 진나라 멸망이후 건국 된 한나라의 공식문체로 사용되었다.

한나라 시기 한자는 예서체보다 간략한 해서(楷书)체로 완전히 정착되었으며, 종이의 발명과 더불어 다양한 필기도구가 개선되어 문자사용이 보편화되는 계기를 마련되었다. 따라서 한나라 이후 문학은 이전 시기의 단순한 기록의 차원에서 창작의 차원으로 나아가게 된다.

먼저 시가(诗歌)의 형식에서는 '초사(楚辞)'의 형식을 계승한 '부(赋)'라는 독특한 풍격을 지닌 문체가 등장하게 된다. 또 한무제(汉武帝)는 악부(乐府)를 세워 각 지역의 시가를 수집하고, 악기를 연주할 수 있도록 음악적 요소를 가미하였다. 대표적 시가(诗歌)작품으로는 〈고아행(孤儿行)〉, 〈맥상상(陌上桑)〉, 〈공작동남비(孔雀东南飞)〉, 〈고시십구수(古诗十九首)〉 등이 있다.

또 산문(散文)으로는 사전(史传)문학의 쌍벽으로 불리는 사마천(司马迁)의 ≪사기(史记)≫, 반고(班固)의 ≪한서(汉书)≫가 대표적인 저작으로 손꼽힌다. 그리고 중국 단대사의 효시로 꼽히는 회남왕(淮南王) 유안(刘安)의 ≪회남자(淮南子)≫가 있다.

2) 위진남북조(魏晋南北朝时期) 시기

위진남북조(魏晋南北朝时期)는 한(汉)나라가 멸망하고 당(唐)나라 성립되기 이전까지 약 370년간 10여 왕조가 탄생과 멸망을 거듭하며, 북쪽에는 이민족이 세운 북조(北朝)와 남쪽에는 한족 중심의 남조(南朝)가 서로 대립하던 시기를 말한다. 비록 중국 전역은 많은 국가로 분리되면서 혼란스러운 상태였지만, 남북으로 구성된 국가의 다양성은 문학사조가 변화할 수 있는 계기가 되었다. 특히 오랜 혼란으로 인한 문인들의 불안한 생활은 점차 현실을 탈피하고자 하는 청담(清淡)의 기풍으로 변화되었다. 현실도피의 청담사상은 후한(后汉) 말기에 형성되었던 도교와 더불어 같은 시기에 전래된 불교의 영향을 받아 점차 염세주의적 경향으로 변화되었다. 그리하여 한(汉)나라의 중심사상을 이루었던 유학은 경시되기 시작하면서 음양설(阴阳说)이 유행하게 되었고, 아울러 당시 사람들의 심리적인 요구에 부응하는 노장철학(老庄哲学)이 부활되었다.

위진남북조 초기에는 조씨삼부자(曹氏三父子: 曹操, 曹丕, 曹植)와 건안칠자(建安七子: 孔融, 陈琳, 王粲, 徐干, 阮瑀, 应玚, 刘桢)로 대표되는 건안문학(建安文学)이라는 새로운 문풍(文风)이 형성되었다. 조씨삼부자와 건안칠자의 시가창작은 시가가 노래에서 벗어나 읊는 문인시로 발전하는 중요한 계기를 마련하였다. 이후 위진남북조의 문인시는 남조(南朝)의 서정시(抒情诗)와 북조(北朝)의 현실시(现实诗)로 각각 발전하였고, 특히 음률과 화려한 수사를 중시하였던 남조의 문인시는 후세 당나라 근체시(近体诗)의 발전에 중요한 영향을 끼쳤다. 남조의 대표적인 시인으로 도연명(陶渊明)을 들 수 있다. 도연명은 자연에 은거하면서 자연과 함께 하는 삶을 노래하였는데 〈귀거래사(归去来辞)〉와 〈음주(飲酒)〉 12수가 유명하다.

산문(散文)에서는 불교문화의 표음성의 영향을 받아 음률(音律)과 수식(修饰)을 강조하는 변려문(骈俪文)이 유행하였다. 대표적인 작품으로는 창조성을 강조한 육기(陆机)의 ≪문부(文赋)≫, 시문을 모은 소통(萧统)의 ≪문선(文選)≫, 최초의 문학비

평서인 유협(刘勰)의 ≪문심조룡(文心雕龙)≫이 유명하다. 특히 이 시기에 시문선집과 문학비평이 등장하였다는 것은 예술로서의 문학에 대한 자각이 생겨났음을 보여주고 있다.

또 이 시기에는 새로운 장르의 소설이 등장하였는데, 지괴소설(志怪小说)과 지인소설(志人小说)로 구분된다. 지괴소설은 주로 괴이한 사건이나 사물 혹은 귀신과 연관된 짧은 편폭의 민간전설과 역사전설로 이루어져 있으며 대표작으로는 동진(东晋) 간보(干宝)의 ≪수신기(搜神记)≫가 있다. 지인소설은 대개 유명한 지식인들의 흥미로운 일화를 기록한 것으로, 송(宋) 유의경(刘义庆)의 ≪세설신어(世说新语)≫가 유명하다.

3. 서정문학의 전성기 : 당송(唐宋)시기

위진남북조(魏晋南北朝时期)의 혼란기를 통일한 수(隋)나라는 문풍(文风)개혁을 시도했으나, 37년의 짧은 기간으로 왕조가 끝나면서 개혁을 성공할 수 없었다. 뒤이어 나타난 당(唐)나라는 통일제국의 번영과 외국과의 활발한 문화교류 등으로 인해, 문학에서도 황금기를 맞이하게 된다.

먼저 시(诗)는 기존의 문체 이외에 새로운 형식의 근체시(近体诗)가 생겨났다. 이 시의 주요한 특징은 구법(句法)면에서는 오언(五言)과 칠언(七言)의 구별이 있었으며, 체제(体制)면에서도 절구(绝句)와 율시(律诗)라는 엄격한 격률(格律)의 구별이 있었다. 모두 오언(五言)과 칠언(七言)으로 구별되는 절구(绝句)와 율시(律诗)는 기승전결(起承转结)의 전개 방식으로 구성된다. 율시의 경우 총 8구 중에서 '승(承)'에 해당하는 3, 4구와 '전(转)'에 해당하는 5, 6구가 대구(对句)를 이루어야 한다. 대표적인 시인으로는 시선(诗仙) 이백(李白), 시성(诗圣) 두보(杜甫), 산수전원시의 왕유(王维), 변새시인 잠삼(岑叄), 신악부시를 제창한 백거이(白居易) 등이 유명하다.

당말(唐末) 오대(五代)에는 민간의 악부시가에 비롯된 시가형식의 '사(词)'가 새로운 문학 장르로 등장하였다. '사(词)'는 음악에 맞춰 노래할 수 있는 노래가사의 일종으로, 구절을 구성하는 글자 수가 일정하지 않아 '장단구(长短句)'라고도 부른다. 중당(中唐)시기에 유행하였던 곡조 〈억강남(忆江南)〉에 붙여진 다양한 종류의 가사들은 사(词)의 시작이라고 할 수 있으며, 대표적 사인(词人)으로는 만당(晚唐)의 화간파(花间派)시인 온정균(温庭筠), 오대(五代) 남당(南唐)의 군주 이욱(李煜)이 유명하다.

송시(宋诗)의 특징은 철리화(哲理化), 산문화(散文化), 통속화(通俗化), 평담화(平淡化)라는 특징을 지니는데, 대표적 시인으로는 북송(北宋)강서시파(江西诗派)의 영수인 황정견(黄庭坚)과 남송(南宋)의 애국시인 육유(陆游)가 유명하다. 특히 송대의 대표적 문학 장르인 사(词)는 문인뿐만 아니라 민간에서도 중시되어 송대 문학의 주류를 이루었다. 또 시인(诗人)들은 대부분

사(词)를 함께 지었으며, 대표적 사인(词人)으로는 북송의 유영(柳永), 소식(苏轼), 주방언(周邦彦) 등이 유명하다. 남송에는 여류시인 이청조(李清照)가 있으며, 신기질(辛弃疾)의 호방한 풍격은 소식과 더불어 '소신(苏辛)'으로 불리어지고 있다.

산문에서는 고문운동(古文运动)이라는 중대한 변혁이 있었는데, 한유(韩愈)는 화려함을 추구했던 변려체를 탈피하기 위하여 고문으로 복귀하고, 문장에는 도(道)가 실려 있어야 한다는 '문이재도(文以载道)'를 이룰 것을 주장하였다. 또 다른 고문운동의 주동자인 유종원(刘宗元)은 고문체를 이용한 산수유기문(山水游记文)과 소품문(小品文)을 창작하기도 하였다. 이처럼 정통의 도(道)를 추구했던 고문(古文)운동도 중당(中唐)을 거치면서 서서히 쇠퇴하고, 만당(晚唐)에는 다시 화려함을 추구하는 '사륙문(四六文)'이 성행하기 시작하였다. 하지만 북송(北宋) 초기(宋初)까지 서곤체(西崑体)의 시가(诗歌)와 사륙문(四六文)이 화려함을 추구하는 유미주의(唯美主义)적 풍조가 유지되었지만, 다시 구양수(欧阳修)와 소식(苏轼) 등이 전대의 고문(古文)을 계승하여 반유미주의적 풍조와 더불어 질박한 문학으로 발전을 이끌었다. 소설(小说) 또한 이러한 당송(唐宋)의 고문운동의 영향을 받아, 애정(爱情), 협의(侠义), 신선(神仙), 귀신(鬼神) 등의 이야기를 담은 '전기(传奇)소설'이라는 새로운 장르의 발전을 유도하였는데, 이공좌(李公佐)의 ≪남가태수전(南柯太守传)≫, 원진(元稹)의 ≪앵앵전(莺莺传)≫이 유명하다.

이 외에도, 민간문학에서는 '강창(讲唱)'형식의 변문(变文)이 생겨났는데, 대개 초기에는 불교의 포교와 관련되어 부처님의 일대기를 그린 내용이 주류를 이루었으나, 후에는 중국의 역사의 담은 이야기와 민간전설 등이 강창의 주요 내용이 되었다. 또 소설은 '문언소설(文言小说)'과 더불어 강창(讲唱)의 대본으로 사용되었던 '화본소설(话本小说)'이 유행했는데, 특히 백화체(白话体)의 화본소설(话本小说)은 이후 명청소설(明清小说)의 발전에 지대한 영향을 미쳤다.

4. 서사문학의 전성기 : 명·청(明清)시기

몽골족이 세운 원(元)나라를 멸망시키고 들어선 명(明)나라는 몽골족에게 억압당한 한족(汉族) 전통문화의 회복에 힘썼다. 그러나 '문(文)은 반드시 진(秦)과 한(汉)의 것이어야 하고, 시(诗)는 반드시 성당(盛唐)이어야 한다(文必秦汉, 诗必盛唐)'는 지나친 의고주의(拟古主义:복고주의)에 빠져 창의성을 상실하는 결과를 낳기도 하였다. 이러한 고문운동(古文运动)을 주도한 인물로는 전후칠자(前后七子)가 유명한데, 전칠자는 진(秦)과 한(汉)의 문학을 숭상하였으며, 후칠자는 한유(韩愈)의 '문이재도(文以载道)'를 숭상하여 당송파(唐宋派)라고 부른다. 명말에는 원씨(袁氏)삼형제(袁宗道, 袁宏道, 袁中道)를 주축으로 하는 공안파(公安派)가 문학의 진화(进化)와 '성령(性灵)'을 주장하였으며, 뒤이어 나온 종성(钟惺)과 담원춘(谭元春) 등의 경릉파(竟陵派)는 청신(清新)하고 미려(美丽)한 소품문(小品文)을 창작하였다.

명(明)나라 문학의 주류는 '희곡(戏曲)'과 '백화소설(白话小说)'을 들 수 있다. 희곡은 원(元)나라의 잡극(杂剧)과 다른 부류의 남곡(南曲)이라고 하는 '전기(传奇)'가 유행하였는데, 고명(高明)의 '비파기(琵琶记)'가 유명하다. 백화소설은 명대 중기 이후에 크게 유행하였는데, 사대기서(四大奇书)로 손꼽히는 오승은(吴承恩)의 ≪서유기(西游记)≫와 작자 미상의 ≪금병매(金瓶梅)≫가 유명하다. 그밖에 송나라의 화본을 모방했다고 평가받는 '의화본(拟话本)'이라 불리는 단편의 '백화소설(白话小说)'이 유행하였는데, 풍몽룡(冯梦龙)의 삼언(三言:喻世明言, 警世通言, 醒世恒言)과 능몽초(凌濛初)의 이박(二拍:初刻拍案惊奇, 二刻拍案惊奇)이 유명하다.

≪서유기≫

선진(先秦)문학으로부터 당나라와 송나라로 발전을 거듭하던 고전문학은 청(清)나라를 시작으로, 점차 근대문학으로의 새로운 전기를 마련하게 된다. 청나라는 비록 이민족인 만주족이 세운 나라였지만, 오히려 중국의 전통문화와 학술을 옹호하고 지지하여 고증학(考证学)이라는 복고(复古)적 성향의 문학이 발전하게 된다. 한편 이러한 변화와 더불어 귀족층의 전유물로만 여겨졌던 문학이 경제의 발전과 더불어 점차 대중에게 전파되면서 대중문학으로 자리 잡게 되었으며, 또 서구문명이 도입되면서 사회 전반에서 근대화의 조짐이 보이기 시작했다. 이처럼 문학은 당시의 시대를 반영하는 매개체로서, 사회 전반에 걸쳐 이러한 시대적 상황을 잘 반영하고 있다.

청대의 시가(诗歌)에서는 복고의 조류 속에서 당시를 숭상하는 종당파(宗唐派)와 송시를 숭상하는 종송파(宗宋派)가 있었다. 종당파(宗唐派)의 시인으로는 오위업(吴伟业), 왕사정(王士祯), 원매(袁枚), 심덕잠(沈德潜) 등이 있으며, 종송파(宗宋派) 시인으로는 전겸익(钱谦益)이 있다. 말기에는 전통적인 중국시의 내용과 형식을 개혁하자고 주장하는 황준헌(黄遵宪)을 중심으로 '시계혁명(诗界革命)'이 일어나기도 하였다.

청대의 사(词)는 이론과 평론이 매우 발달하였는데, 초기에는 납란성덕(纳兰性德)이 사단(词团)을 주도하였고, 후기에는 주이존(朱彝尊), 진유숭(陈维崧), 장혜언(张惠言) 등이 유명하다. 또 산문(散文)은 고증과 실질을 중시하였는데, 방포(方苞), 유대괴(刘大櫆), 요내(姚鼐) 등을 중심으로 한 동성파(桐城派)가 유명하다.

소설에는 백화 장편소설로 포송령(蒲松龄:사진)의 ≪요재지이(聊斋志异)≫와

오경재(吴敬梓)의 ≪유림외사(儒林外史)≫, 조설근(曹雪芹)의 ≪홍루몽(红楼梦)≫이 있다. 청말에는 조정의 부정부패와 탐관오리를 비판하는 견책소설(谴责小说)이 유행하였는데 이백원(李伯元)의 ≪관장현형기(官场现形记)≫가 유명하다.

청대의 희곡(戏曲)은 대체로 명대의 전기(传奇)를 계승하였는데, 홍승(洪昇)의 ≪장생전(长生传)≫, 공상임(孔尚任)의 ≪도화선(桃花扇)≫ 등이 유명하며, 이후에는 새로운 곡조의 '피황조(皮黄调)'가 유행하였으며, 지방희(地方戏)의 유행은 현대의 '경극(京剧)'을 탄생시키는 모체가 되었다.

청말에는 아편전쟁(1840)과 더불어 외국문학이 유입되면서 번역문학이 싹트기 시작했는데, 엄복(严复)의 ≪천연론(天演论)≫은 헉슬리의 ≪진화와 윤리≫를 번역한 책으로 당시의 지식인과 사상계에 지대한 영향을 주었다. 또 처음으로 문학작품을 번역한 임서(林纾)는 외국어를 모르면서 외국어 능통자의 구술에 의해 170여권의 책을 번역했다고 전해진다.

	선진(先秦)	한(汉)	위진남북조	수당(隋唐)	송원(宋元)	명청(明清)
서정	시경 초사	악부 고시19수	고시, 격률시	근체시 絶句 律诗	词 曲	모든 서정장르
서사	역사산문 제자백가 주역	정론문 역사서	지괴소설 지인소설 문학이론	전기 소설	화본 소설	장회소설
특징	기록 중심	창작의 시작 한자의 정착	문학의 자각	서정문학의 절정기	서사문학의 발달	서사문학의 절정기

제9강 노래의 가사와 시인의 탄생

시(诗)란 운율(metre)과 압운(rhyme)이 있는 언어의 의미 있는 활용을 통해 경험에 대한 특정 이미지와 특별한 정서를 불러일으키는 문학의 한 장르이다. 동양에서는 흔히들 '시가(诗歌)'라고도 하는데, 이는 시의 탄생이 민요와 밀접한 관련이 있기 때문이다. 중국의 고대시가(古代诗歌)는 ≪시경(诗经)≫과 '초사(楚辞)'에서 시작하여 지역과 시대 그리고 창작자와 창작 방법에 따라 다양한 이름으로 불려졌다. 한(汉)의 악부시(乐府诗)와 부(赋), 위진남북조(魏晋南北朝)의 문인시(文人诗), 당(唐)의 근체시(近体诗 : 绝句, 律诗)와 송(宋)의 시(诗)와 사(词), 원(元)의 곡(曲) 등과 같이 다양하게 불리어지고 있다. 그리고 특별히 발전하였던 특정 시대를 붙여 한부(汉赋), 당시(唐诗), 송사(宋词), 원곡(元曲)이라 부르기도 한다.

1. 시경과 초사 : 최초의 가사집과 시인의 탄생

1) 시경(诗经)

≪시경(诗经)≫은 서주(西周) 초기(대략 B.C 11세기)에서 춘추시대 중기(대략 B.C 6세기)까지 약 500년간, 민간에서 유행하던 가요와 왕실의 연회나 종묘제례에서 부르던 노래의 가사를 귀족들이 재정리하여 편찬한 것이다. '시(诗)'라는 문학 장르가 탄생한 배경으로 채시관(采诗官) 제도를 들 수 있는데, 채시관은 민풍(民风)을 살피기 위해 다양한 지역에서 불리던 노래의 가사를 수집하였다 한다. 채시관에 의해 채집된 가사는 다시 문인들의 손에 의해 재정리되었고, 이렇게 약간의 수정을 거쳐 탄생된 것이 최초의 노래 가사집인 ≪시경(诗经)≫이다. 그래서 처음에는 3,000여 편이나 되는 많은 작품이 있었다고 전하나, 이후 공자(孔子)가 305수로 선별하여 엮음으로써 '시삼백(诗三百)'으로 불리어졌다. 한(汉)나라 이후, 당시 국시(国是)였던 유학을 연구하는 모범 저작으로 경전(经典)의 반열에 올라 '시경(诗经)'이라 칭하게 되었다.

물론 ≪시경(诗经)≫에는 채시(菜诗) 이외에도, 공경대부 등 귀족들의 헌시(献诗), 진시(陈诗) 등도 함께 수록되어 있어, 그 내용은 크게 대아(大雅), 소아(小雅), 송(颂), 국풍(国风) 등으로 구성된다. 이중 가장 대표적인 것은 각 지역의 민요를 담고 있는 국풍(国风)이며, 국풍을 제외한 대아(大雅), 소아(小雅), 송(颂)은 왕과 귀족들의 조회, 연회, 종묘제례 등과 관련이 있다.

중국 고대 시가를 대표하는 ≪시경(诗经)≫의 창작기법은 부(赋), 비(比), 흥(兴)으로 정리되는데, 부(赋)는 직서법, 비(比)는 비유법, 흥(兴)은 상징법으로 대비시킬 수 있다. ≪시경(诗经)≫의 내용 중에서 가장 문학작품으로서의 가치를 지닌 것으로는 '국풍(国风)'과 '소아(小雅)'를 들 수 있는데, 특히 국풍은 민간에서 채집한 백성들의 소리로, 그 당시 백성들의 애정, 일상생활, 통치자에 대한 원망과 기대, 풍자 등이 담겨있다.

关雎

(诗经, 周南)

关关雎鸠, 在河之洲。
窈窕淑女, 君子好逑。

参差荇菜, 左右流之。
窈窕淑女, 寤寐求之。
求之不得, 寤寐思服。
悠哉悠哉, 辗转反侧。
参差荇菜, 左右采之。

窈窕淑女, 琴瑟友之。

参差荇菜, 左右芼之。

窈窕淑女, 钟鼓乐之。

2) 초사(楚辭)

'초사(楚辭)'는 전국시대 중엽 초나라의 애국시인 굴원(屈原, B.C. 339?-278?)에서 시작되었다 한다. 당시 초나라 귀족이던 굴원(屈原)은 초나라 왕을 도와 진나라의 침략을 견제하려 하였으나, 오히려 친진파(亲秦派) 귀족들의 모함으로 왕의 버림을 받게 된다. 왕의 버림을 받아 방황하던 굴원(屈原)은 당시 초나라 지역에서 유행하던 민요를 근거로 자신의 답답한 심정을 노래하였는데, 이것이 바로 장편서사시 <이소(离骚)>로 대표되는 '초사(楚辭)'이다. 이후 초나라가 진나라에게 멸망을 하자, 굴원(屈原)은 멱라수(汨罗水)에 몸을 던져 죽게 되는데, 중국문화에서 많이 이야기되고 이는 '쫑즈(棕子)'의 탄생 배경이기도 하다. 이후 굴원(屈原)은 중국 역사에서 최초의 애국시인(爱国诗人)으로 평가받고 있으며, 이후 수많은 문인들이 그를 추모하여 '초사(楚辭)'를 지었다고 한다.

'초사(楚辭)'는 북방을 대표하는 ≪시

경(诗经)≫에 반해, 남방을 대표하는 문학으로 평가되고 있다. '초사(楚辞)'가 비록 초(楚)나라의 민가(民歌)와 ≪시경(诗经)≫의 영향을 받았지만, ≪시경(诗经)≫이 가지고 있는 '4언'의 형식과는 달리 '7언'으로 구성되어 있으며, 편폭 또한 비교적 긴 장편시로 이루어져 있다. 수사기교로는 허사인 '혜(兮)'를 삽입하여 리듬감을 살리고 있으며, 내용면에서는 남방의 낭만적인 생활모습과 신화전설, 그리고 환상적 내용 등을 담고 있는 것들이 많다. 즉 ≪시경(诗经)≫이 북방을 대표하는 현실주의적 색채를 띠고 있다면, '초사(楚辞)'는 남방을 대표하는 낭만주의적 색채를 지니고 있다고 할 수 있다.

沧浪歌

(楚民歌)

沧浪之水清兮，可以濯我缨，沧浪之水浊兮，可以濯我足。

少司命

(楚辞，九歌)

秋兰兮青青，绿叶兮紫茎。
满堂兮美人，忽独与余兮目成。
入不言兮出不辞，乘回风兮载云旗。
悲莫悲兮生别离，乐莫乐兮新相知。

2. 악부시(乐府诗)와 문인시 : 노래와 가사의 분리

한(汉)나라 무제(武帝)는 나라의 음악을 관장하는 '악부(乐府)'라는 관청을 세워 각지의 민요를 수집하여 민심을 관찰하였는데, 이러한 과정에서 수집된 민간가요의 가사를 '악부민가(乐府民歌)' 혹은 '악부시(乐府诗)'라고 불렀다. 한(汉)나라 이후에 이어진 왕조들에서도 계속해서 민간가요를 수집하여 정리하였는데, 이렇게 수집된 가요의 가사 또한 모두 '악부민가(乐府民歌)'라고 불렀다.

한나라 말기에는 문인들이 악부민가 형식을 바탕으로 하여 자신들의 생각과 감회를 노래하기 시작하였는데, 이중 가장 대표적인 것이 무명씨(无名氏)의 <고시19수(古诗19首)>이다. <고시19수(古诗19首)> 이후로 수많은 문인들은 노래와 상관없이 읊을 수 있는 시(诗)를 창작하였는데, 이때부터 시(诗)는 노래의 가사로부터 분리되어 새로운 문학 장르로 발전하게 된다. 이처럼 문인들에 의해 처음으로 노래 가사로부터 분리된 시(诗)는 처음에는 문인시(文人诗)라 불리며 본격적으로 중국문학사(中国文学史)에 이름을 올리게 된다.

上邪(汉乐府)

上邪，我欲与君相知.
长命无绝衰。
山无陵，江水为竭，冬雷震震，
夏雨雪，天地合，
乃敢与君绝。

江南(汉乐府)

江南可采莲，莲叶何田田。
鱼戏莲叶间：鱼戏莲叶东，
鱼戏莲叶西，鱼戏莲叶南，鱼戏莲叶北。

3. 위진남북조 문인시(文人诗) : 문인시의 발전

문인시(文人诗)는 한나라 말기에서 위진남북조(魏晋南北朝)를 거치면서 본격적으로 창작된 문인들의 시가(诗歌)를 일컫는 말이다. 위진남북조(魏晋南北朝) 초기에는 여러 나라가 교체(交替)를 이어가던 혼란기였기 때문에, 이전의 주나라나 한나라에서 진행되었던 것처럼 채시관에 의해 수집되어 정리된 민간가요가 거의 없었다. 그래서 작가를 알 수 없는 ≪시경(诗经)≫이나 악부(乐府)의 시(诗)를 대신하여, 작가 개인의 이름이 드러나는 문인들의 시로 대체되었다. 특히 당시 정권을 잡았던 조조(曹操)를 비롯한 조씨삼부자(曹操, 曹丕, 曹植)와 건안칠자(建安七子: 孔融, 陈琳, 王粲, 徐干, 阮瑀, 应玚, 刘桢)의 문학은 전쟁의 참상을 매우 현실적으로 담아내어 현실주의 시가의 백미로 일컬어진다. 또 이 시기는 형식면에서 5언시와 7언시를 완성했다고 평가받고 있으며, 대표적인 시인으로는 죽림칠현(竹林七贤: 嵇康, 阮籍, 山涛, 向秀, 刘伶, 王戎, 阮咸)과 육기(陆机), 도연명(陶渊明), 사령운(谢灵运), 심약(沈药) 등이 유명하다.

龟虽寿(曹操)

神龟虽寿，犹有竟时；
螣蛇乘雾，终为土灰。
老骥伏枥，志在千里；
烈士暮年，壮心不已。
盈缩之期，不但在天；
养怡之福，可得永年。
幸甚至哉，歌以咏志。

七步诗(曹植)

煮豆燃豆萁，漉豉以为汁。
萁在釜下燃，豆在釜中泣。
本是同根生，相煎何太急？

归园田居(陶渊明)

种豆南山下，草盛豆苗稀。
晨兴理荒秽，带月荷锄归。
道狭草木长，夕露沾我衣。
衣沾不足惜，但使愿无违。

饮酒(陶渊明)

结庐在人境，而无车马喧。
问君何能尔？心远地自偏。
采菊东篱下，悠然见南山。
山气日夕佳，飞鸟相与还。
此中有真意，欲辩已忘言。

4. 근체시(近体诗)의 완성 : 고전시의 전성기

당나라는 중국문학에서 시(诗)의 장르를 대표하는 시기로, 특히 과거제도의 시행으로 인한 문인집단의 형성과 '근체시(近体诗)'의 완성이 이 시기의 주요한 특징이라고 할 수 있다. ≪전당시(全唐诗)≫에는 2천여 명에 이르는 시인의 5만여 수의 시가 수록되어 있는데, 우리가 이름만 들어도 알 수 있는 시선(诗仙) 이백(李白)과 시성(诗圣) 두보(杜甫)는 바로 당나라 시기가 얼마나 시(诗)의 전성기였는가를 알려준다.

이백(李白)은 자(字)가 '태백(太白)'이며, 중국을 대표하는 낭만주의 시인이다. 양귀비와의 일화로 유명한 현종의 재위기간에 잠시 벼슬을 했지만 곧 향락에 빠진 궁궐 생활에 염증을 느끼고 장안을 떠나 유람했다. 이백(李白)은 근체시(近体诗), 고체시(古体诗), 악부시(乐府诗) 등 모든 방면에 뛰어났으나, 이 중에서 그의 자유분방한 성격과 잘 맞는 악부시(乐府诗)에 가장 뛰어났다고 할 수 있다. 전하는 바에 의하면, 이백(李白)의 시는 천여 편에 이른다고 하며, <월하독작(月下独酌)>, <정야사(静夜思)>, <조발백제성(早发白帝城)> 등이 대표작으로 손꼽힌다.

두보(杜甫)는 자(字)가 '자미(子美)'이며 중국을 대표하는 현실주의 시인이다. 과거에 급제하지 못하여 곤궁한 생활을 해야 했던 두보는 차츰 사회의 모순에 눈을 돌리게 되었고, 그의 시는 사회의 불합리한 실상을 잘 그려내었다. 특히 안사(安史)의 난 이후 백성들의 비참한 삶을 노래한 삼리삼별(三吏三別), 즉 <신안리(新安吏)>, <동관리(潼關吏)>, <석호리(石壕吏)>의 삼리(三吏)와 <신혼별(新婚別)>, <수로별(垂老別)>, <무가별(無家別)>의 삼별(三別)은 두보의 대표적인 사회고발시이다. 두보의 시는 1,400여 수(首)가 전해지고 있는데, 우리가 익히 잘 알고 있는 대표적인 시로는 <춘망(春望)>, <월야(月夜)>, <춘야희우(春夜喜雨)> 등이 있다.

月下独酌(李白)

花间一壶酒，独酌无相亲。
擧杯邀明月，对影成三人。
月既不解飮，影徒随我身。
暂伴月将影，行樂须及春。
我歌月徘徊，我舞影零亂。
醒时同交欢，醉后各分散。
永结无情游，相期邈云汉。

春夜喜雨(杜甫)

好雨知时节，当春乃发生。
随风潜入夜，润物细无声。
野径云俱黑，江船火独明。
晓看红湿处，花重锦官城。

5. 송사(宋词)와 원곡(元曲) : 새로운 형식의 시가

당(唐)나라 이후 시가 너무 격식을 따지고 형식화되면서 문인들은 점차 자신들의 감성 표현에 어려움을 겪게 되었다. 또 성당(盛唐) 무렵에는 서역의 음악이 전해지기 시작하면서 민간에서는 새로운 곡조(曲调)의 노래가 유행하고 있었다. 문인들은 민간에서 유행하고 있는 노래의 곡조에 어울리는 가사를 창작하기 시작하였고, 이것은 새로운 서정(抒情) 장르인 '사(词)'의 탄생으로 이어졌다.

사(词)의 탄생은 노래와 분리되었던 시(诗)가 다시 노래와 결합하게 된 것을 의미한다. 특히 '사(词)'가 송나라의 대표적인 문학 장르로 등장하게 된 것에는 다음과 같은 시대적 배경이 있었다. 첫째, 시의 형식화 현상에 대한 반발로 가요와 어울릴 수 있는 새로운 운문형식의 문학 장르를 요구하게 되었다. 둘째, 시의 형식화에 반발하거나 몰락한 시인들이 민간으로 흡수되면서 새로운 환경에 접하게 되었다. 셋째, 사회, 경제의 발전으로 삶의 여유를 가진 도시민들의 문예에 대한 욕구가 높아져, 그들의 경제력은 작가와 공연자들에게 경제적 기반을 제공해 주었다. 넷째, 도시발전에 따른 도시인들의 다양한 삶의 형식을 담아낼 새로운 문예(文艺) 양식이 필요했다.

'사(词)'는 근체시(近体诗)와 같은 정형(定型)을 추구하지 않고,

길고 짧은 구절이 섞여 있어서 '장단구(长短句)'라는 별칭을 가지고 있다. 이외에도 '사(词)'는 시여(诗余), 전사(填词), 악부(乐府) 등의 또 다른 이름으로 불리기도 한다. 대표적인 사인(词人)으로는 소령(小令)에 능했던 구양수(欧阳修), 만사(挽词)로 유명한 유영(柳永), 문인사(文人词)의 대표자인 소식(苏轼), 그리고 악부사(乐府词)에는 주방언(周邦彦)과 강기(姜夔) 등이 있다. 또 여류시인 이청조(李清照), 그리고 애국시인으로 불리는 육유(陆游)나 신기질(辛弃质) 등도 사(词)의 작가로 유명하다.

사실 민간의 가요에서 출발한 시(诗) 문학 장르는 문인들의 전유물로 변하면 형식화되어 예술적 생명력을 상실하는 경우가 많았다. 그러면 문인들은 감성과 생명력을 지닌 민간의 가요에 눈을 돌렸고, 이를 다시 예술적으로 발전시켜 새로운 시 문학 장르를 만들어냈다. 특히, 송(宋)나라를 이어 나타난 원(元)나라는 몽골족이 지배를 하는 사회로서, 새로운 노래와 잡극과 같은 새로운 무대예술이 유행하였는데, 이러한 원대의 노래와 잡극에 접목된 새로운 서정장르인 '곡(曲)'이 탄생하였다. '곡(曲)'은 다른 문학 장르보다 노래와 밀접한 관련이 있으며, 일정한 곡조에 다양한 가사를 창작한다는 측면에서는 사(词)와 기본적으로는 같은 성격의 서정(抒情) 장르라 할 수 있다.

如梦令(李清照)

昨夜雨疏风骤，浓睡不消残酒。 试问卷廉人。
却道海棠依旧。 知否知否？应是绿肥红瘦。

天淨沙·秋思
(元)马致远

枯藤老树昏鸦，小桥流水人家。
古道古道，西风瘦马。
夕阳西下，断肠断肠，人在天涯。

제10강 역사기록과 산문의 분화

중국문학에서 산문(散文)이란 명칭은 크게 광의와 협의의 두 가지 각도에서 관찰해 볼 수 있다. 먼저 광의의 산문은 주로 고대문학에서 운문(韵文)이나 변문(骈文)에 존재하는 압운(押韵)이나 문장형식의 정형(定型)에 구애를 받지 않는 모든 글을 가리키며, 시(诗)를 대표로 하는 운문문학(韵文文学)과 양대 산맥을 형성한다. 둘째, 협의의 산문은 현대문학에서 시가(诗歌), 소설(小说), 희극(戏剧)과 대별되는 문학 장르의 일종으로, 서구문학의 'prose'에 해당한다고 할 수 있다.

산문(散文)에서 '散(흩어질 산)'은 형식이 자유롭다는 의미를 지니며, '짝을 맞춘다'는 의미를 지닌 '대우(对偶)'와 상반되는 개념으로 파악할 수 있다. 대우(对偶)는 중국인이 짝수 선호에 대한 심리와 더불어 운문문학의 대표적 장르인 시(诗)나 시조(诗调) 등에서 많이 활용되는 수사기법이다. 이에 반해, 산문은 운문의 정형을 벗어난 자유로운 방식으로 쓰이면서, 대체로 역사서의 '기사(记事)'나 개인의 사상이나 학설을 설파한 '입언(立言)' 등에서 많이 활용되었다. 따라서 산문의 내용은 크게 논변(论辩), 서발(序跋), 서(书), 증서(赠序), 전장(传状), 비지(碑志), 잡기(杂记), 잠명(箴铭), 찬송(赞颂), 애제(哀祭) 등으로 구분한다.

1. 선진시기의 산문: 역사기록과 입언의 글

선진(先秦)시기란 진(秦)나라가 춘추전국시대의 분열된 중국을 통일하기 전까지의 시기를 가리키는데, 이 시기 주요 산문으로는 서주(西周)의 상서(尚书), 동주(东周)의 ≪춘추(春秋)≫, ≪국어(国语)≫, ≪전국책(战国策)≫ 등 역사를 기록한 기사(记事)의 글과 ≪논어(论语)≫, ≪노자(老子)≫, ≪장자(莊子)≫, ≪한비자(韩非子)≫ 등과 같은 제자백가들의 주장이 담긴 입언(立言)의 글들이 있다.

1) 기사(记事)의 글

기사(记事)의 글 중에서 가장 대표적인 것으로 중국문학사상 '산문지조(散文之祖)'로 불리는 ≪상서(尚书)≫가 있는데, 처음에는 '서(书)'라고만 불렀다. ≪상서(尚书)≫의 '尚'은 숭상의 뜻과 상고시대의 뜻을 지니고 있으며, 공자가 편찬하였다고 전해지면서 한나라 이후 경전의 자리에 올라 ≪서경(书经)≫이라고 불리어졌다. 상고시대부터 서주까지의 역사를 기록한 ≪상서(尚书)≫는 <우서(虞书)> 5편, <하서(夏书)> 4편, <상서(商书)> 17편, <주서(周书)> 32편의 총 58편으로 구성되어 있으나, 후대의 위작으로 의심되는 부분이 많다. ≪상서(尚书)≫에서 많이 쓰이는 직접화법 또는 문답체(问答体)의 문체는 ≪좌전(左传)≫, ≪국어(国语)≫, ≪전국책(战国策)≫ 등과 같은 후세의 사서는 말할 것도 없고, 이후의 대부분 산문 문체에 큰 영향을 끼쳤다.

기사의 글 중에서 노(鲁)나라에 전해오는 사관의 기록을 바탕으로 공자가 엮었다고 전해지는 ≪춘추(春秋)≫는 사상(思想)의 측면에서 매우 중요한 의미를 지니고 있다. 특히 ≪춘추(春秋)≫는 그 자체의 내용보다는 춘추를 보충하고 해설한 '전(传)'의 가치가 뛰어나, 후세에 더욱 널리 알려지게 되었다. 대표적인 ≪춘추전(春秋传)≫으로는 ≪좌전(左传: '春秋左氏传' 혹은 '左氏春秋'라고도 함)≫과 ≪공양전(公羊传)≫, ≪곡량전(谷梁传)≫ 등이 있다.

≪상서(尚书)≫, ≪춘추(春秋)≫ 외에도, ≪국어(国语)≫와 ≪전국책(战国策)≫이 유명한데, ≪국어(国语)≫는 춘추시대 주나라 노나라 제나라의 중요한 사건을 시대별로 기록해 놓은 것이고, ≪전국책(战国策)≫은 전국시대 12국을 나라별 중요한 사건을 중심으로 기록해 놓은 것이다.

2) 입언(立言)의 글

춘추전국(春秋战国)시기에는 정치적 혼란을 바로 잡고자 하는 다양한 사상가들과 그들의 주장들이 쏟아져 나왔는데, 유가(儒家), 묵가(墨家), 법가(法家), 도가(道家) 등으로 대표되는 이러한 제자백가들의 사상과 주장을 정리한 것이 입언(立言)의 글이다.

유가의 대표 경전 ≪논어(论语)≫는 공자(孔子)와 그의 제자들, 그리고 그 당시 사람들과의 언행을 한 곳에 기록한 것이다. 논어는 '어록(语录)'이라는 뜻으로서 공자와 그 제자들의 말과 행동이 대략 500여 개의 문장으로 구성되어 있으며, <학이편(学而篇)>에서 <요왈편(尧曰篇)>까지 20편으로 이루어져 있다. 비록 관련이 없는 내용이 섞여 있기는 하지만, 대화 당사자의 감정과 성격을 사실 그대로 옮기려 했다는 점에서 당시 구어체의 면모를 엿볼 수 있다.

유가의 또 다른 경전인 ≪맹자(孟子)≫는 공자의 전통 유학을 계승 발전시킨 맹가(孟軻)의 저작이다. ≪맹자(孟子)≫는 <양혜왕편(梁惠王篇)>에서 <진심편(尽心篇)>까지 모두 7편으로 이루어져 있으며, 인의(仁義)에 대한 신념으로서 유가의 윤리를 실천하려는 의지가 강해 문장이 웅변적이고 격정적이며 선동적이기까지 하다. 그리고 여러 가지 비유와 해학을 활용하여 다른 어떤 문장보다 재미있고 설득력이 있다.

묵가(墨家)의 경전인 ≪묵자(墨子)≫는 전국시대 유가에 대항했던 묵자(墨子)의 언행을 모은 것으로 <상현(尚賢)>, <상동(尚同)>, <겸애(兼愛)> 등 모두 71편으로 이루어져 있다. 하늘에 대한 신앙을 바탕으로 모든 사람들을 똑같이 사랑해야 한다는 '겸애(兼爱)'를 주장한 묵자의 사상은 당시 서민의 입장을 대변하는 것이기 때문에 그 문장도 서민적인 성격을 지니고 있다.

법가(法家)사상을 대표하는 ≪한비자(韓非子)≫는 유가사상과 도가사상을 흡수하여 법가의 이론을 발전시킨 '한비(韓非)'의 저술이다. 날카로운 현실감각에 풍부한 상상력을 겸비하고 있을 뿐 아니라, 수많은 고사(故事)와 우언(寓言)을 동원하여 높은 설득력을 가진 글로 유명하다. 진시황제는 한비의 주장에 깊은 감명을 받았고 중국을 통일한 후 한비자의 주장을 통일국가의 정치원리로 삼았다.

도가(道家)의 경전인 ≪노자(老子)≫는 공자보다 선배인 '이이(李耳)'가 지은 것이라 알려져 있는데, 상편인 <도경(道经)>과 하편인 <덕경(德经)>으로 이루어진 저서이다. 문장이 간결하면 구체적인 사상을 서술하고 있어, 많은 학자들은 공자 이후 전국시대 중엽 이후에나 나온 저작으로 보고 있다. 노자는 81절의 짧은 금언집 성격의 글로서 문학사적 가치는 ≪장자(莊子)≫에 훨씬 뒤진다. ≪장자(莊子)≫는 도가를 대표하는 '장주(莊周)'의 저술로서 풍부한 상상력과 환상을 바탕으로 하고 있다. 특히 꾸며진 애기로 이루어진 다양한 우언(寓言)은 문학적으로도 중요한 의미를 지니고 있다.

도덕경

2. 사마천의 사기 : 고대 역사서의 최고봉

司马迁

≪사기(史记)≫는 전한시대 사마천(司马迁)이 편찬한 역사서로 고대 역사서의 최고봉으로 일컬어지고 있다. 원래 명칭이 ≪태사공서(太史公书)≫로 전해지는 ≪사기(史记)≫는 총 130편으로 이루어져 있는데, 신화전설시대의 황제(黄帝)부터 전한의 무제(武帝) 천한연간(天汉年间)(BC 100-97)에 이르기까지 약 3000년의 역사를 기록하고 있다.

사마천은 기원전 145년 태사령(太史令)을 지낸 사마담(司马谈)의 아들로 태어났다. 태사령(太史令)은 천문을 관측하고 국가의 대사(大事)를 기록하는 고대국가의 직책 중의 하나로, 사마담(司马谈)의 사후에 그의 직책은 아들 사마천(司马迁)에게 계승되었다. 사마천(司马迁)은 아버지의 유업을 계승하여 역사서 사기(史记)를 저술하였는데, 사기(史记)를 완성하기 전 흉노족에 투항한 이릉(李陵)을 변호했다는 죄목으로 궁형(宫刑)을 당하는 불운을 겪었다. 사마천(司马迁)이 명예롭게 죽지 않고 치욕적인 궁형을 선택한 것은 아버지의 유업인 사기를 완성하기 위한 것으로 알려져 있다. 사마천(司马迁)은 출옥 뒤 저술 작업에 전념하여 마침내 불후의 대작 ≪사기(史记)≫를 완성하였다.

≪사기(史记)≫는 제왕의 연대기를 그린 <본기(本记)>(12편), 제후와 관련된 이야기를 기록한 <세가(世家)>(30편), 뛰어난 개인의 전기를 기록한 <열전(列传)>(70편), 제도와 문물을 정리한 <서(书)>(8편), 연표인 <표(表)>(10편)로 구성되어 있다. 이러한 ≪사기(史记)≫의 구성은 제왕의 일을 연도순으로 기술한 〈본기〉와 중요한 인물들의 전기를 담은 <열전(列传)>이 문체의 핵심을 이루고 있어 '기전체(记传体)'라고 부른다. 이러한 기전체는 이후 동아시아 역사 서술의 표준이 되었고 ≪사기(史记)≫는 정사(正史)를 기록하는 모범적인 글이 되었다.

≪사기(史记)≫는 비록 역사서이나 중국문학사에 있어 중요한 의미를 지니고 있다. 이를 세 가지 측면에서 살펴볼 수 있다. 첫째, 인물을 중심으로 한 <본기(本记)>나 <열전(列传)>은 후세 '전기문학(传记文学)'의 출발점이 되었다. 둘째, 개성이 강하고 생동감 넘치는 문장으로써 사마천 본인의 신념과 열정을 투영하여 도처에 감동과 공감을 불러일으키고 있다. 셋째 과감한 역사적 상상력을 통해 역사적 인물과 사건을 상세하게 묘사함으로써 이후에 나타난 소설(小说)과 중국 전기문학(传记文学)의 발전에 지대한 영향을 끼쳤다.

3. 부(赋)와 변려문(骈俪文) : 문장의 세련화와 격식화

중국어와 한자가 지닌 특징으로 인해 특이한 장르와 문체가 발전하였는데, 그것은 바로 산문이면서도 운과 대구를 중시한 '부(赋)'와 '변려문(骈俪文)'이다.

부는 문장의 운율과 화려함을 추구하는 중국 고대문학 장르의 하나이다. 시가와 산문이 지닌 특징을 모두 지니고 있는데, 시가가 서정을 위주로 하는 것에 비해 부는 서경이나 서사를 위주로 한다. 부(赋)는 고대국가의 확립, 한자의 정립과 보급에 따라 발전한 문체라 할 수 있다. 즉, 부(赋)는 문자를 장악한 당시 귀족 지식인 계층이 서경과 서사를 통해 한편으로는 자신의 지식과 문학적 자질을 자랑하면서 또 한편으로는 제왕의 통치를 찬송하거나 풍자하는 과정에서 발전한 문학 장르라 할 수 있다.

'부(赋)'의 형식은 제자백가의 산문에서 최초로 출현하는데, 이는 문장을 읽고 외우기 쉽도록 시도한 문체의 일종으로 볼 수 있다. 이 과정에서 나타난 굴원으로 대표되는 '이소체(离骚体)는 시(诗)에서 부(赋)로 나아가는 과도기적 형식이라고 볼 수 있다. 한나라 때 '사부(辞赋)'라 불리며 정식으로 부가 하나의 문체로 형성되었고 최고로 발전하였다. 위진(魏晋)시대를 거치면서, 부(赋)는 점차 변문(骈文)과 유사한 방향으로 발전하여

'변부(骈赋)'라고 불렸으며, 당나라에서는 율시(律诗)의 영향을 많이 받아 '율부(律赋)'라고 불렸으며, 송나라에서는 고문(古文)의 영향으로 '문부(文赋)'라고 불렀다.

부(赋)의 대표작으로는 한(汉)나라 사마상여(司马相如)의 <자허부(子虚赋)>, 당唐)나라 구양수(欧阳修)의 <추성부(秋声赋)>, 송(宋)나라 소식(苏轼)의 <적벽부(赤壁赋)> 등이 있다.

前赤壁赋[41]

苏轼[42]

壬戌[43]之秋, 七月既望[44], 苏子[45]与客泛舟游于赤壁[46]之下。清

---

41 赤壁赋(적벽부): 宋(송) 神宗(신종) 元豊(원풍) 2년 소식은 황주(黄州)로 쫓겨나 3년간 한직에 있게 된다. 이 작품은 바로 한직에서 3년간을 지낸 뒤에 그 생활에 기초하여 지은 작품이다. 전체 문장은 작가의 감정의 기복에 따라 세 개의 단락으로 이루어져 있다. 먼저 맑은 바람과 밝은 달이 연출하는 아름다운 자연속에서 신선이 되어 하늘로 올라가는 듯한 즐거움을 서술하였다. 이어서 역사적 인물의 흥망성쇠를 가지고 현실적 고민을 묘사하였다. 마지막으로 '변하는 것'과 '변하지 않는 것'에 대한 철학적 사색을 가지고 그러한 고민이 해결됨을 보여주었다.

42 苏轼(소식 1037-1101): 字(자)는 子瞻(자첨), 호는 东坡(동파). 아버지 苏洵(소순), 동생 苏辙(소철)과 함께 '三苏(삼소)'로 불렸다. 宋(송) 神宗(신종) 년간 王安石(왕안석)의 신법이 시행될 때 반대하여 귀양을 살았고, 또 哲宗(철종) 때에는 왕안석의 신법을 완전히 폐지하면 안된다고 주장하여 지방으로 쫓겨났다. 시, 사, 산문 등에서 모두 송대를 대표하는 문인이다.

43 壬戌(임술): 송 神宗(신종) 元豊(원풍) 5년. 서기 1082년.

44 既望(기망): 음력 16일. 既는 '지났다'는 뜻. 望은 '음력 15일, 보름'을 뜻한다.

45 苏子(소자): 소동파 자신을 지칭하는 말.

46 赤壁(적벽): 赤壁은 魏·吴·蜀이 다투던 삼국시대 때 诸葛亮이 작전을 세우

风徐来, 水波不兴。举酒属[47]客, 诵明月之诗[48], 歌窈窕之章。[49] 少焉[50], 月出于东山之上, 徘徊[51]于斗牛[52]之间。白露横江, 水光接天。纵[53]一苇[54]之所如[55], 凌[56]万顷[57]之茫然[58]。浩浩乎[59]如冯虚[60] 御风[61],

---

고 周瑜가 지휘한 吴나라와 蜀나라의 연합군에게 魏의 曹操 군사가 참패를 한 곳으로 유명하다. 그런데 양자강과 汉水 유역에 赤壁이라 불리는 곳이 다섯 곳이 있다. 소식이 유람한 赤壁은 삼국이 다투던 그 赤壁이 아니었다.

47 属(촉): 술을 따라서 권하다. '속'이라고 읽으면 '무리, 종족'의 뜻이 된다.

48 明月之诗(명월지시): ≪诗经·陈风·月出≫의 제1장에 月出皎兮,佼人僚兮,舒窈纠兮,劳心悄兮(달은 휘황하게 밝구요, 이름다운 사람 빼어나기도 하네요. 천천히 다가오는 자태 그윽하게 아름다워, 나의 가슴 뛰게 하네요)의 구절이 있다..

49 窈窕之章(요조지장): 역시 앞의 <月出>편을 가리킨다. 그 구절중에 '窈纠'라는 말이 '窈窕'와 같은 말이므로 이렇게 부른다. 혹은 시경의 첫 편 <关雎>편을 가리킨다고 하나 시의 내용이 赤壁赋의 상황과 연관성이 없다.

50 少焉(소언): 조금 있다가.

51 徘徊(배회): 머뭇거리면서 앞으로 나아가지 않음. 달을 의인화한 표현.

52 斗牛(두우): 북두성과 견우성.

53 纵(종): 가는 대로 놓아두다.

54 一苇(일위): 한 다발의 갈대. 작은 배를 비유하는 말로 쓰였다.

55 所如(소여): 가는 곳.

56 凌(능): 넘어 가다.

57 万顷(만경): 강이 매우 넓음을 형용함. 顷은 면적의 단위.

58 茫然(망연): 까마득하게 넓은 모습.

59 浩浩乎(호호호): 물이 넓은 모양.

60 冯虚(빙허): 하늘을 날다.

61 御风(어풍): 바람을 부리다. 바람을 타다.

而不知其所止；飘飘乎[62]如遗世[63]独立[64]，羽化[65]而登仙[66]。于是饮酒乐甚，扣舷[67]而歌之。歌曰："桂棹[68]兮兰桨[69]，击空明[70]兮溯流光[71]。渺渺[72]兮予怀，望美人[73]兮天一方[74]。"客有吹洞箫者，倚歌[75]而和之。其声呜呜然[76]，如怨如慕，如泣如诉，余音袅袅[77]，不绝如缕。舞幽壑[78]之潜蛟[79]，泣孤舟之嫠妇[80]。苏子愀然[81]，正襟危

---

62 飘飘乎(표표호): 바람에 날리는 모양.

63 遗世(유세): 세상을 버리다. 세상을 떠나다.

64 独立(독립): 혼자서 걸리적거리는 것이 없다.

65 羽化(우화): 날개가 생기는 신선이 되다.

66 登仙(등선): 신선의 세계로 올라가다.

67 扣舷(구현): 뱃전을 두드리다. 노래에 박자를 맞춘다는 뜻.

68 桂棹(계도): 계수나무로 만든 노. 뒤에서 젓는다.

69 兰桨(난장): 목란으로 만든 삿대. 삿대로는 앞에서 민다.

70 击空明(격공명): 맑은 물 속의 밝은 달을 친다. 노와 삿대를 가지고 배를 젓는 것을 가리킨다.

71 溯流光(소유광): 달빛이 떠서 흐르는 듯한 물결을 거슬러 올라가다.

72 渺渺(묘묘): 아득히 멀고 깊은 모습.

73 美人(미인): 옛 사람들은 현명한 군주나 아름다운 이상의 상징으로 美人이라는 말을 썼다.

74 天一方(천일방): 하늘의 저 먼 곳.

75 倚歌(의가): 노래소리에 맞추다.

76 呜呜然(오오연): 처량한 피리소리를 나타내는 의성어.

77 袅袅(요요): 소리가 끊어지지 않고 길게 이어지다.

78 幽壑(유학): 깊은 계곡. 여기서는 깊은 연못이라 보아야 할 듯.

79 蛟(교): 교룡. 용의 일종으로 이것이 나타나면 홍수가 난다는 전설이 있다.

80 嫠妇(이부): 과부.

81 愀然(초연): 수심에 잠겨 안색이 달라지는 모양.

坐[82]而问客曰："何为其然也？" 客曰："月明星稀，乌鹊南飞[83]，此非曹孟德[84]之诗乎？西望夏口[85]，东望武昌[86]，山川相缪[87]，郁乎[88]苍苍，此非孟德之困于周郎[89]者乎？方其破荆州[90]，下江陵[91]，顺流而东也[92]，舳舻千里[93]，旌旗[94]蔽空，酾酒[95]临江，横槊[96]赋诗，固一世之雄也，而今安在哉？况吾与子渔樵于江

---

82 正襟危坐(정금위좌): 옷깃을 바로 하고 단정히 앉다.

83 月明星稀, 乌鹊南飞(월명성희 오작남비): 曹操(조조)의 <短歌行(단가행)>에 月明星稀,乌雀南飞. 绕树三匝,无枝可依(달이 밝으니 별들이 드물고, 까막까치가 남쪽으로 날아간다. 나무를 세 바퀴 돌아도 기댈 나뭇가지 없다)는 내용이 있다. 여기에서 조조는 자신을 밝은 달에 비유하고, 여러 군웅들을 별에 비유하였으며, 기댈 나무가지 없다는 구절로 유비의 처량한 신세를 비웃고 있다.

84 孟德(맹덕): 조조의 자.

85 夏口(하구): 지금의 武汉(무한) 黄鹄山(황곡산) 위에 있었던 성의 이름. 삼국시대 吴(오)의 孙权(손권)이 쌓은 것이라 함.

86 武昌(무창): 현재의 湖北省(호북성) 鄂城县(악성현).

87 缪(무): 서로 얽히다.

88 郁乎(울호): 초목이 빽빽하게 들어차서 무성한 모양.

89 周郎삼국시대 吴(오)의 명장 周瑜(주유). 그는 제갈량의 작전에 따라 赤壁(적벽)에서 조조의 백만 대군을 대파하였다.

90 破荆州(파형주): 조조가 荆州(형주)에서 刘琮(유종)을 물리친 일。

91 下江陵(하강릉): 江陵(강릉)을 점령하다.

92 东也(동야): 동쪽으로 가다. 조조의 병사가 동쪽의 赤壁江(적벽강)으로 진군하였던 일.

93 舳舻千里(축로천리): 舳(축)은 배의 뒤꼬리(고물), 舻(노)는 배의 앞머리(이물). 舳(축)이 船首(선수)를 가리킨다는 설도 있다. 어쨌든 舳艫千里는 배들이 앞뒤로 이어져 있는 것이 한없이 길다는 뜻이다.

94 旌旗(정기): 군에서 쓰는 각종 깃발.

95 酾酒(시주): 술을 거르다. 여기서는 술을 따른다는 뜻.

96 横槊(횡삭): 창을 가로놓다. 槊(삭)은 一丈八尺(1장 8척)되는 긴 창.

渚[97]之上，侣鱼虾而友麋鹿，驾一叶之扁舟，举匏樽[98]以相属。寄蜉蝣[99]于天地，渺[100]沧海之一粟。哀吾生之须臾[101]，羡长江之无穷。挟飞仙[102]以遨游[103]，抱明月而长终[104]。知不可乎骤得[105]，托遗响[106]于悲风[107]。" 苏子曰："客亦知夫水与月乎？逝者如斯[108]，而未尝往也；盈虚[109]者如彼[110]，而卒莫消长[111]也。盖将自其变者而观之[112]，则天地曾不能以一瞬；自其不变者而观之，则物

97 江渚(강저): 강 가, 혹은 강의 모래섬.

98 匏樽(포준): 표주박으로 만든 술잔.

99 蜉蝣(부유): 하루살이. 여름과 가을철에 물가에서 생겨나 몇 시간 정도 살고 죽는 곤충의 이름.

100 渺(묘): 잘 보이지 않을 정도로 매우 작다.

101 须臾(수유): 매우 짧은 시간. 잠깐 동안.

102 挟飞仙(협비선): 挟은 옆구리에 끼다는 뜻. 여기서는 하늘을 나는 신선을 데리고 다닌다는 뜻.

103 遨游(오유): 자유롭게 놀다.

104 长终(장종): 영원히 끝맺다. 세상을 뜨다.

105 骤得(취득): 당장에 실현하다.

106 遗响(유향): 퉁소소리의 여운.

107 悲风(비풍): 늦가을을 서늘한 바람.

108 逝者如斯(서자여사): 공자가 한 말로 ≪论语·子罕≫편에 逝者如斯夫, 不舍昼夜라는 구절이 보임. 강물의 흐름을 보면서 지나가면 다시 돌아오지 않는 시간을 생각한 것이다.

109 盈虚(영허): 달이 둥그렇게 찼다가 이지러지는 것.

110 彼(피): 저것. 저기. 물은 가까운 곳에 있으므로 근칭인 '斯'로 표현하였고, 달은 먼 곳에 있으므로 원칭인 '彼'로 표현하였다.

111 消长消長(소장): 소멸되거나 자라나다.

112 自其变者而观之(자기변자이관지): 우주의 삼라만상을 변화의 측면에서 관찰하다.

与我皆无尽也, 而又何羡乎! 且夫天地之间, 物各有主, 苟非吾之所有, 虽一毫而莫取。惟江上之清风, 与山间之明月, 耳得之而为声, 目遇[113]之而成色, 取之无禁, 用之不竭, 是造物者之无尽藏[114]也, 而吾与子之所共适[115]。" 客喜而笑, 洗盏更酌。肴核[116]既尽, 杯盘狼籍[117]。相与枕藉[118]乎舟中, 不知东方之既白。

'변려문(骈俪文)'은 본래 고대부터 문장을 적을 때 소리의 리듬을 좋게 하고 뜻을 명료하게 표현하기 위해서 대구를 활용한 것에서 비롯된 문체로서, 한자가 지닌 특징과 밀접한 관련이 있다. 이러한 대구(对句)와 운(韵)을 중시하는 변려체(骈俪体)의 문장은 이미 ≪서경(书经)≫이나 '초사(楚辞)'에서도 찾아볼 수 있으며, 한(汉)나라에 들어서면서 발달한 '부(赋)'라는 장르와 함께 점차 형식화의 길을 가게 되었다.

'변려문(骈俪文)'은 다음과 같은 특징을 가지고 있다. 첫째, 대구(对句)를 중시하였다. 둘째, 넷 혹은 여섯 개의 글자로 구성된 구(句)를 많이 사용한다. 셋째 평측(平仄)이나 압운(押韵)을 활용하였다. 넷째 전고(典故)를 자주 사용하였다. '변려문(骈俪文)'

113 目遇(목우): 눈으로 보다.

114 无尽藏(무진장): 다함이 없는 창고.

115 共适(공적): 함께 감상하고 즐기다.

116 肴核(효핵): 고기 안주와 과일.

117 狼籍(랑자): 난잡하게 마구 흩어져 있다.

118 枕藉(침자): 枕(침)은 베게를 벤다는 뜻, 藉(자)는 자리를 깐다는 뜻.

은 위진(魏晋)시기에 기틀이 잡히고 남조(南朝)에 이르러 극성기를 이루었다. 남조시대 소통(萧统)이 편집한 ≪문선(文选)≫은 변려문으로 이루어진 작품을 집대성한 것으로 유명하며, 일찍이 변려문체(骈俪文体)의 교본으로 잘 알려져 있다. 하지만 변려문의 대구(对句)와 운(韵)을 중시하는 이러한 특징은 문장의 리듬이나 구조의 조화에 초점을 두고 있었지만, 과도한 화려함을 추구함으로써 내용을 홀시하게 되는 폐단을 낳기도 하였다.

5. 당송팔대가와 고문운동 : 산문의 복고주의

중국문학의 전성기라고 할 수 있는 당(唐)나라에 와서도 여전히 변려문(骈俪文)은 성행하여 문장의 주류를 이루었지만, 점차 기교와 형식을 지나치게 중시하게 되면서 현실을 반영하거나 작가의 사상과 감정을 제대로 담아내는 역할을 하지 못하게 되었다. 이에 당대 한유(韩愈)를 중심으로 한 문인들이 진한(秦汉)시대의 고문(古文)으로 돌아가자는 산문(散文)의 복고(复古)를 주장하게 되었다. 특히 한유는 옛 성인의 도(道)는 공자에게서 그의 제자 증자(曾子)와 자사(子思)를 거쳐 맹자(孟子)에게 전해졌으나, 이후에 그 명맥이 끊어졌다고 주장하였다. 그리하여 그는 이러한 도통(道统)을 다시 세우기 위해서는 형식적인 변려문이 아니라 순정한 고문을 사용하여야 한다고 주장하였다. 따라서 한유에게서 본격적으로 시작된 복고주의 고문운동은 단순히 진한시기의 옛글을 모방하는 것이 아니라 유가적인 도가 담겨져 있는 실질적인 내용을 담은 글쓰기 운동이었다. 이러한 한유의 노력은 이른바 당송팔대가에게 이어져 고문운동의 주된 줄기를 이루게 되었다. 당송팔대가는 청나라 심덕잠(沈德潜)이 편집한 ≪당송팔대가독본(唐宋八家文读本)≫에 작품이 수록된 8명의 고문가에서 유래하였는데, 당나라의 한유(韩愈)와 유종원(柳宗元), 그리고 송나라의 구양수(欧阳修), 소순(苏洵), 소식(苏轼), 소철(苏辙), 증공(曾巩), 왕안석(王安石)이 바로 그들이다.

당송팔대가들의 대표작으로는 한유(韩愈)의 <원도(原道)>와 <사설(师说)>, 유종원(柳宗元)의 <포사자설(捕蛇者说)>과 <영주팔기(永州八记)>, 구양수(欧阳修)의 <붕당론(朋党论)>, 소식(苏轼)의 <일유(日喻)〉, 소순(苏洵)의 <육국론(六国论)> 등이 유명하다.

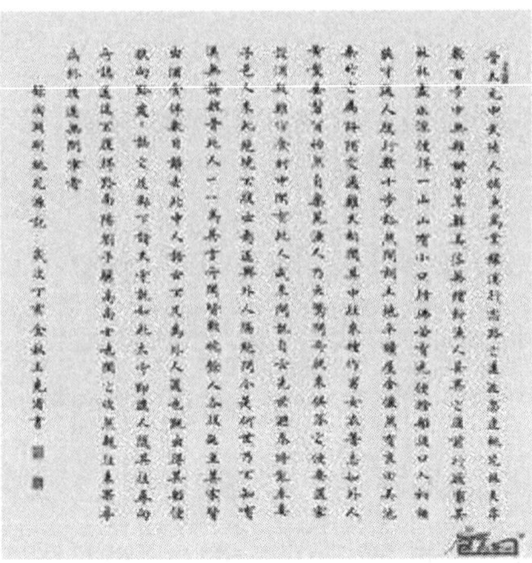

〈도화원기(桃花源记)〉

도화원기(桃花源记)

陶淵明

진(晋)나라 태원(太元) 연간, 무릉(武陵)이란 곳에 고기잡이를 업으로 삼는 사람이 있었다. 하루는 작은 강을 따라 거슬러 올라갔다가 그만 길을 잃어버리고 말았다. 홀연히 복숭아나무 숲에 들어서게 되었는데, 숲은 강의 양쪽 기슭 안쪽으로 수백 걸음에 걸쳐 이어져 있었고 잡목 하나 없었다. 향기로운 풀이 싱싱하고 아름다웠으며, 떨어지는 꽃잎이 어지러이 나부끼고 있었다. 업무는 무척 기이하게 여겨 다시 앞으로 나아갔고, 숲의 끝까지 가보고자 하였다. 숲이 끝나는 곳은 강의 발원지였으며, 바로 그곳에 산이 하나 있었다. 산에는 작은 동굴이 있는데 마치 무슨 빛이 새어나오는 것 같았다. 곧 배를 버려두고 동굴 안으로 들어갔다. 처음에는 무척 좁아서 사람 한 명이 간신히 통과할 수 있을 정도였다. 다시 수십 걸음을 더 나아가니 갑자기 환하게 탁 트이며 시야가 넓어졌다. 땅은 평탄하고 넓고 가옥들은 가지런하게 지어져 있었다. 비옥한 밭, 아름다운 연못, 그리고 뽕나무와 대나무 같은 것들이 있었다. 남북과 동서로 난 밭두렁 길은 서로 교차하며 이어져 있었고, 개 짖는 소리와 닭 우는 소리가 들렸다. 그 안에 사람들이 왔다 갔다 하며 씨를 뿌리고 농사짓고 있는데, 남녀가 입고 있는 옷이 모두 외지인이 입는 것과 같았다. 머리가 누렇게 변한 노인과 더벅머리를 한 어린아이가 함께 즐겁게 놀고 있었다. 그곳 사람 하나가 어부를 보고 깜짝 놀라 어디서 왔는지 물었다. 업무는 상세하게 대답해 주었다. 그러자 어부를 집으로 초대했고, 술상을 차리고 닭을 잡아 음식을 만들어 대접하였다. 마을에서는 어부가 왔다는 소문을 듣고서, 모두 몰려와 이것저것 물었다.

마을 사람이 말하길 "선대 조상들이 진(秦)나라 때 전란을 피해 처자와 고을 사람들을 데리고 세상과 격리된 이곳으로 왔고 다시는 밖으로 나가지 않았습니다. 그래서 마침내 외부 세계와 단절되었습니다."라고 하였다. 그러면서 그들은 지금이 어느 시대냐고 물었는데 위(魏), 진(晋)은 물론 한(汉)나라가 있었다는 것조차 모르고 있었다. 어부는 하나하나 자세하게 자기가 아는 것을 말해 주었고, 마을 사람 모두 감탄하며 놀라워했다. 다른 사람들도 각각 어부를 자기 집에 초대하였고, 모두 술과 음식을 내어서 대접했다. 며칠간 머물다가 작별을 고하였는데, 마을 사람 중 누군가가 말했다. "외부 사람들에게 이야기하지 마십시오." 어부는 그곳에서 나와 배를 찾았고, 곧 이전에 왔던 길을 따라 곳곳에 표시해 두었다. 그리고 군(郡)에 도착하자 태수를 찾아가 이와 같은 일이 있었노라고 알렸다. 태수는 곧장 사람을 파견하여 어부가 갔던 길을 따라가 이전에 표시해 둔 것을 찾게 했다. 그러나 끝내 길을 잃어 가는 길을 찾지 못했다. 남양(南阳) 땅 유자기(刘子骥)기는 고상한 선비인데 이 이야기를 듣자, 흔연히 찾아가 볼 계획을 세웠다. 그러나 그곳을 찾지 못하였고 오래지 않아 병으로 죽었다. 이후로 아무도 길을 묻는 이가 없었다.

桃花源记

陶渊明

晋太元中，武陵人捕鱼为业。缘溪行，忘路之远近。忽逢桃花林，夹岸数百步，中无杂树，芳草鲜美，落英缤纷，渔人甚异之，复前行，欲穷其林。

林尽水源，便得一山，山有小口，仿佛若有光。便舍船，从口入。初极狭，才通人。复行数十步，豁然开朗。土地平旷，屋舍俨然，有良田美池桑竹之属。阡陌交通，鸡犬相闻。其中往来种作，男女衣着，悉如外人。黄发垂髫，并怡然自乐。

见渔人，乃大惊，问所从来。具答之。便要还家，设酒杀鸡作食。村中闻有此人，咸来问讯。自云先世避秦时乱，率妻子邑人来此绝境，不复出焉，遂与外人间隔。问今是何世，乃不知有汉，无论魏晋。此人一一为具言所闻，皆叹惋。余人各复延至其家，皆出酒食。停数日，辞去。此中人语云："不足为外人道也。"

既出，得其船，便扶向路，处处志之。及郡下，诣太守，说如此。太守即遣人随其往，寻向所志，遂迷，不复得路。

南阳刘子骥，高尚士也，闻之，欣然规往。未果，寻病终，后遂无问津者。

제11강 이야기와 서사문학의 발전

서사문학(叙事文学 : 이야기 문학)의 하나인 '소설(小说)'은 작가가 사실 또한 상상을 바탕으로 하여 꾸며낸 이야기라고 할 수 있다. 인간은 동물과 달리 늘 자기와 세계에 대하여 질문을 던지며, 자기 자신과 세계를 해명하고자 하는 욕망이 있다. 이러한 욕망을 해소하려는 인간 의식의 산물이 바로 '소설(小说)'의 줄거리가 되는 이야기이다. 고대인들은 세상은 어떻게 돌아가는가? (인류 창조의 신화), 나의 위대한 조상은 어떤 사람이었는가? (신화전설 속 영웅의 탄생 이야기), 왜 각기 다른 언어가 생겨났는가? (바벨탑 이야기) 등등의 질문에 답하기 위하여 수많은 이야기를 만들어내었다.

중국 문학에서 이야기 형식의 문학, 즉 서사문학은 상고시대의 신화(神话)에서부터 시작하여 춘추시대의 우언(寓言), 위진(魏晋)시대의 지괴소설(志怪小说), 당(唐)나라의 전기소설(传奇小说), 송(宋)나라의 백화소설(白话小说), 명(明)나라의 장회소설(章回小说), 청(清)나라의 견책소설(谴责小说) 등으로 이어지며 시대적인 변화에 따라 명칭을 달리하면서 변화하고 발전하였다.

1. 중국의 신화전설 : 태초의 이야기

신화(神话)는 우주의 기원, 초자연적 존재의 계보, 민족의 시원 등과 관련된 이야기이다. 그리고 대체로 인간이 자연을 개척하는 과정에서 나타나는 자연에 대한 도전과 경외(敬畏), 노동의 즐거움과 괴로움, 미래의 희망 등을 그려내고 있는데, ≪열자(列子)≫, ≪초사(楚辞)≫, ≪산해경(山海经)≫ 등에 단편으로 실려 있다.

춘추(春秋)시대에 이르러, 인간들은 신화의 세계를 극복하려는 과정에서 이야기의 주인공을 신에서 인간으로 전환하여 교훈성을 지닌 이야기를 만들어 내었는데, 이것이 우언(寓言)이다. 우언(寓言)은 사대부계층이 사회의 전면에 나서기 시작하면서 그들의 철학적 관점과 정치적 견해를 전달하는 과정에서 시도되었다 할 수 있다. 한(汉)나라에 이르러서는 신선(仙神)의 이야기가 주류를 이루면서 무속(巫俗)적 경향이 성행하였으며, 불교가 전래 되면서 귀신지괴(鬼神志怪)에 관련된 이야기가 유행하였다.

반고신화(盘古神话)

하늘과 땅은 뒤섞여 달걀과 같았는데, 그 가운데 반고가 살고 있었다. 1만 8천 년이 지나자 천지가 개벽하여 밝고 맑은 것은 하늘이 되고 어둡고 탁한 것은 땅이 되었다. 반고는 하루에 9번씩 변신하면서 하늘에서는 신이 되었고 땅에서는 성인(圣人) 되었다. 하늘은 매일 한 척씩 높아졌고 땅은 매일 한 척씩 두터워졌다. 반고도 매일같이 한 척씩 자라났다. 이렇게 1만 8천여 년 지났다. 하늘은 끝없이 높아졌으며, 땅은 한없이 두터워졌다. 이후에 삼황이 생겨났다.

天地浑沌如鸡子, 盘古生其中。万八千岁, 天地开辟, 阳清为天, 阴浊为地。盘古在其中, 一日九变, 神于天, 圣于地。天日高一丈, 地日厚一丈, 盘古日长一丈, 如此万八千岁。天数极高, 地数极深, 盘古极长。后乃有三皇。(徐整 ≪三五历纪≫)

2. 지인, 지괴 소설 : 정치보다 재미있는 괴상한 이야기

위진남북조(魏晋南北朝)는 정치적으로 혼란한 시대였으며, 특히 위(魏)나라가 성립된 220년에서부터 진(秦)나라가 망한 589까지 약 370여 년간 10여 개의 왕조가 교체되는 혼란을 겪었다. 나라 안팎은 내란, 외란으로 정치적 불안은 가중되었고, 이러한 정치적 탄압을 피하고자 했던 지식인들은 현실에서 벗어나고자 은거를 하기에 이르렀다. 이에 문학 또한 현실을 도피하고자 하는 경향이 짙은 청담(淸談)의 기풍이 형성되었으며, 유학은 쇠퇴하고 '음양설(阴阳说)'이 성행하였다. 이러한 시대적 배경 속에서 정치와 관련이 없는 기괴한 이야기를 기록한 소설이 성행하기 시작하였다. 이 시기의 소설은 대개 지괴소설(志怪小说)과 지인소설(志人小说)로 나눈다.

지괴소설(志怪小说)은 주로 신선, 귀신, 산천, 지리, 불법(佛法) 등과 관련된 괴이한 이야기를 기록한 것으로 신괴류(神怪类), 박물류(博物类), 신선류(神仙类), 불교류(佛教类)로 나눌 수 있다. 신괴류에는 고사(故事)를 정리하여 기록한 것으로 간보(干宝)의 ≪수신기(搜神记)≫가 있으며, 박물류에는 장화(张华)의 ≪박물지(博物志)≫가 있다. 또 신선류에는 갈홍(葛洪)의 ≪신선전(神仙传)≫, 불교류에는 유의경(劉义庆)의 ≪유명록(幽冥录)≫ 등이 유명하다.

지인소설(志人小说)은 주로 문인, 사대부를 중심으로 한 상류층 인물의 언행과 일화를 기록한 것으로, 크게 소화(笑话)류와 일화(逸话)류로 나눈다. 소화류에는 한담순(邯郸淳)의 ≪소림(笑林)≫이, 일화류에는 유의경(劉义庆)의 ≪세설신어(世说新语)≫가 있다.

3. 전기소설(传奇小说) : 이야기에 담은 시대상과 교훈

소설은 위진남북조의 지괴소설에 이어, 당(唐)나라에 오면서 '전기(传奇)'라는 새로운 형식의 장르가 탄생하게 된다. '전기(传奇)'라는 명칭은 당나라 배형(裴铏)의 소설집 ≪전기(传奇)≫에서 비롯되었는데, 당대의 고문운동(古文运动)과 도시경제의 번영, 불교와 도교 등의 종교사상이 결합되어 다양한 소재의 작품이 나왔다. '전기(传奇)'의 내용은 크게 신괴류, 풍자류, 애정류, 호협류, 역사류 등 소재의 특징에 따라 분류되고 있다.

신괴류(神怪类)는 신선고사, 불교설화, 민간전설, 요괴담 등을 제재로 삼고 있으며, 왕도(王度)의 <고경기(古镜记)>와 작자미상의 <백원전(白猿传)> 등이 여기에 속한다.

풍자류(讽刺类)는 몽환류(梦幻类)라고도 하며, 비현실적 소재와 상징적 수법을 통해 인생에 대한 환멸과 현실에 대한 풍자가 주류를 이루며, 심기제(沈既济)의 <침중기(枕中记)>와 이공좌

(李公佐)의 <남가태수전(南柯太守传)>이 유명하다.

애정류(爱情类)는 대개 남녀의 애정을 다루고 있지만, 인간과 신녀(神女), 인간과 귀신(鬼神) 사이의 애정을 묘사한 것들도 있다. 장방(蔣防)의 <곽소옥전(霍小玉传)>과 원진(元稹)의 <앵앵전(莺莺传)>이 전자에 속하며, 장작(张鷟)의 <유선굴(游仙窟)>, 진현우(陈玄祐)의 <이혼기(离魂记)> 등이 후자에 속한다.

호협류(豪侠类)에는 두광정(杜光庭)의 <규염객전(虬髯客传)>과 설조(薛调)의 <무쌍전(无双传)>이 있으며, 역사류에는 진홍(陈鸿)의 <장한가전(长恨歌传)>과 곽식(郭湜)의 <고력사외전(高历史外传)> 등이 있다.

당대의 전기소설은 위진남북조 시기의 지괴, 지인소설과 비교했을 때 소설적으로 많은 발전을 이루었다. 우선 지괴, 지인소설은 전해지는 이야기에 더욱 과장을 하여 기록된 것이었다면, 전기소설은 문인이 의도적으로 창작해낸 가상의 세계였다. 그리고 구성이 완정하고 이야기 전개의 기복이 많으며 편폭이 확대되었다. 뿐만 아니라 등장인물의 성격이 선명하고 묘사가 치밀해졌으며 후대의 문언소설, 송원 화본소설, 명청 의화본소설, 원대 잡극, 명청 전기 희극의 창작에 적지 않은 영향을 끼쳤다.

4. 화본소설(话本小说) : 설화인(说话人)의 등장과 그들의 이야기

화본소설(话本小说)은 전문적인 이야기꾼 [설화인(说话人)]의 대본에서 시작되었는데, 그 시대적 배경 및 흥성 원인으로는 당나라 말기에 발달한 강창문학(讲唱文学)에서 찾아볼 수 있다. 당나라 말기에는 불교를 포교할 목적으로 한 불경(佛经)과 관련된 이야기가 민간에 급속히 퍼져나갔는데, 이 때 전문적인 이야기꾼이 등장하여 불경 속의 고사(故事)를 전하기 시작하였다. 그리고 도시의 발달로 평민 세력이 사회의 주요 구성원으로 대두되었으며, 이민족과 함께 살기 시작하면서 통속적인 내용의 문학적 요구가 증대하여 속문학(俗文学) 시장의 형성되었다. 여기에 인쇄술이 발달하고 출판시장의 형성되면서, 서방(书坊)의 주인들은 자신들의 이익을 창출하기 위해 문인들에게 화본을 정리하고 편찬하게 함으로써 화본소설은 본격적으로 발달하게 되었다. 특히 화본소설(话本小说)은 이야기를 본격적으로 시작하기 전 청중의 흥미와 집중을 높이기 위해 인자(引子)[119]을 활용했는데, 인자가 시(诗)이면 시화(诗话)라 하였고, 인자가 사(词)이면 사화(词话)라고 불렀다.

화본소설(话本小说)의 종류에는 대체로 '설화사가(说话四家)'

---

119 청중을 집중시키기 위한 노래를 말함.

란 이름으로 나누어 구분을 하게 된다. 첫째, '은자아(银字儿)'라고 하는데, 은자생(银字笙:생황)을 연주하며 고금(古今)의 괴이한 이야기를 들려주는 형식이다. 둘째, 설철기아(说铁骑儿)와 설공안(说公案)으로서 전쟁이나 영웅고사, 혹은 재판이나 협객의 이야기를 다루고 있다. 셋째, 강사서(讲史书)는 역사적인 사건이나 인물에 관한 이야기를 다루고 있다. 넷째, 담경(谈经)과 설참청(说参请)은 불경을 비롯한 여러 가지 경전과 수도(修道)에 관한 이야기를 다루고 있다.

특히 화본소설(话本小说)의 강사서(讲史书) 중에서 ≪신편오대사평화(新编五代史平话)≫는 ≪삼국지연의(三国志演义)≫, ≪대송선화유사(大宋宣化遗事)≫는 ≪수호전(水浒传)≫, ≪대당삼장법사취경기(大唐三藏法师取经记)≫는 ≪서유기(西游记)≫의 초기 내용을 담고 있는 것으로 유명하다.

5. 장회소설(章回小说) : 듣는 이야기에서 읽는 이야기로

'장회소설(章回小说)'이란 내용이 복잡하고 분량이 많은 이야기를 장(章) 또는 회(回)로 나누어 구성한 장편소설로서 명나라와 청나라 때에 최고조로 발전하였던 소설형식이다. 장회소설이 명(明)나라와 청(清)나라에서 최고조의 발전기를 형성하게 된 것은 다음 몇 가지 시대적 배경이 있다.

첫째, 백화문학의 발전이다. 백화문은 일상생활에 사용하는 언어로 기록한 문장을 가리키며, 일찍이 한나라 시기 역사서 ≪사기(史记)≫에 등장한다. 이러한 백화문학은 당(唐)나라의 변문(变文)과 송(宋)나라의 화본소설(话本小说)으로 발전을 거듭하였고 명(明)과 청(清)의 장회소설(章回小说)에 이르러 전성기를 맞이하였다. 장회소설(章回小说)과 같은 장편소설의 경우 장면묘사의 현실감 강화를 위해서는 문언문(文言文)보다 백화문(白话文)이 훨씬 더 적합하였기 때문이라 할 수 있다.

둘째, 소설의 지위가 높아졌다. 소설은 일반 서민들이 즐기는 속문학(俗文学)으로서 전통 문인들이 경시하였던 문학 장르였다. 그러나 명대에 이르러 이탁오(李卓吾), 원굉도(袁宏道) 같은 문학의 사회적 공리성을 강조한 문인들에 의해 새로이 평가를 받기 시작하였다. 그리고 청대에 이르러 김성탄(金圣叹)은 《水浒传》과 같은 소설을 육재사서(六才子书 : 《庄子》, 《离骚》, 《史记》, 《杜工部集》, 《水浒传》, 《西厢记》)라 부르면서 ≪史记≫와도 같은 반열에 올려놓았다.

셋째, 도시의 발달로 식자층이 증가하였다. 도시의 발달로 유한계층이 증가하여 글을 읽을 수 있는 시민계층이 등장하였다. 이러한 시민계층은 소설의 광범위한 독자층을 형성하였다. 그리고 인쇄술이 발달하여 서적의 수요를 충족시킬 수 있었다.

명나라의 대표적인 장회소설(章回小说)에는 이른바 '사대기서(四大奇书)'로 불리고 있는 나관중(罗贯中)의 역사소설 ≪삼국지연의(三国志演义)≫, 시내암(施耐庵)의 영웅소설 ≪수호전(水浒传)≫, 오승은(吴承恩)의 신마소설 ≪서유기(西游记)≫, 난릉(兰陵) 소소생(笑笑生)의 인정소설 ≪금병매(金瓶梅)≫ 등이 있다.

청나라의 대표적인 장회소설로는 조설근(曹雪芹)의 인정소설 ≪홍루몽(红楼梦)≫, 오경재(吴敬梓) 풍자소설 ≪유림외사(儒林外史)≫, 석옥곤(石玉崑) 협의공안소설 ≪삼협오의(三侠五义)≫ 등이 있다.

제12강 동서문화의 융합과 현대문학

중국의 현대문학은 일반적으로 1919년 5·4 신문화운동에서부터 1949년 중화인민공화국 성립까지 약 30년간의 문학을 가리킨다. 현대문학은 2000년이 넘는 고대문학, 80년의 근대문학, 그리고 70년 넘어 현재 진행 중인 당대문학과 비교했을 때 시간적으로 아주 짧은 역사를 가지고 있다. (제8강 중국문학의 흐름 참고) 하지만 현대문학은 고대문학이나 근대문학과는 질적으로 다른 문학이며, 사회주의국가의 성립과 밀접한 관련이 있는 문학이기 때문에 문학사적으로 중요한 의미를 지니고 있다.

현대문학은 비록 짧은 역사를 가지고 있지만 그 시기를 세분하고 있는데, 일반적으로 다음과 같이 구분을 하고 있다.

1시기 : 1919년 5·4신문화운동에서 1927년 4.12 쿠데타까지의 문학

2시기 : 1927년에서 1937년 중일전쟁이 발발 직전까지의 문학

3시기 : 1937년에서 1949년 중화인민공화국 성립까지의 문학

여기에서는 우선 현대문학의 발전 배경을 살펴보고, 1, 2, 3시기 문학을 좀 더 구체적으로 살펴보고자 한다.

1. 아편전쟁과 서양문화의 유입

영국은 중국과의 무역 거래에서 발생한 손실을 메꾸고자 몰래 중국에 아편을 수출하였는데, 청나라 정부에서는 임칙서(林则徐)를 파견하여 아편을 몰수하고 불살라 버렸다. 그러자 영국은 무력으로 이 문제를 해결하기 위해 군사를 파견하게 되고, 영국과 중국 사이에는 이른바 아편전쟁(1840-1842)이 일어난다. 중국은 아편전쟁의 패배로 영국과 남경조약(南京条约)을 맺어 홍콩을 영국에 할양하고, 상해(上海)를 개항하여야 했다. 이후 중국은 제2차 아편전쟁(1856-1860)에서도 패하면서, 북경조약(北京条约)을 체결하고 구룡성(九龙省)까지 할양을 하게 되고 장강(长江)지역까지 개항지역을 확대하게 된다.

중국은 영국과의 제1차와 제2차 아편전쟁으로 인해 세관감독권과 군함정박권 등의 수많은 이권(利权)과 국토를 양도함으로써 반식민지 국가로 전락했다. 그리하여 중국은 정치적, 경제적 분야뿐만 아니라 사회문화적 분야까지 서구문물의 영

남경조약 조인식

향을 반강제적으로 수용할 수밖에 없는 처지에 놓이게 된다. 이러한 외세의 침략으로 인한 국민들의 반발로 태평천국의 민중봉기(1851-1864)가 일으났으며, 이를 이어서 양무운동(1861-1894), 청일전쟁(1894-1895), 무술변법운동(1898년) 등과 같은 대사건이 발생했다. 청나라는 이러한 정치 사회적 문제를 극복하기 위해 다양한 노력을 전개하였지만, 결국 신해혁명(辛亥革命: 1911)을 계기로 멸망하게 된다.

청나라가 멸망한 이후, 중화민국(1912)이 성립되어 국가의 혼란을 타개하려고 하였으나, 서구제국주의 국가의 지원을 받았던 군벌들의 난립으로 중국은 더욱더 혼란에 빠지게 되었다. 하지만 이처럼 혼란에 빠진 중국을 다시 일으키기 위한 운동도 활발하게 전개 되었는데, 특히 중국의 지식인들은 망해가는 중국을 구하기 위해 다양한 방면에서 '애국계몽운동(爱国启蒙运动)'을 펼쳐나갔다. 중국의 현대문학은 바로 이러한 시대적 배경 아래에서 중국의 전통문화가 가진 단점을 파악하고, 아울러 서구문화의 우수한 점을 적극적으로 수용하는 과정에서 그 태동을 시작하였다.

2. 5·4 신문화운동과 문학혁명

1919년 1월 파리강화회의 결과, 독일의 중국의 산동성(山东省)에 대한 권익을 일본에 양도한다는 내용이 담긴 파리조약 21개조가 발표되었다. 이에 산동성의 권익이 중국으로 되돌아오길 기대하고 있었던 중국 청년 지식인들은 분노하였고, 이어 1919년 5월 4일 천안문(天安门) 광장에서는 21개조에 반대하는 청년들의 시위가 일어났다. 천안문 광장에서의 학생 시위는 곧 전국적 규모의 삼파투쟁(三罢斗争: 동맹휴학, 상점철시, 노동자 파업)으로 번져나갔으며, 그 결과 21개조 승인에 관여했던 중국의 매판 관료들은 파직을 당하였다. 이어 천안문(天安门) 시위를 통해 얻은 정치적 승리의 기운은 중국의 각 분야에서 '신문화운동(新文化运动)'으로 확대되어 전개되었는데, 이것이 바로 중국 근현대사에서 가장 중요한 의미를 지닌 '5·4 신문화운동'이다.

5·4 신문화운동은 신사상(新思想)운동과 신문학(新文学)운동으로 나누어 살펴볼 수 있는데, 특히 신문학(新文学) 운동은 '5·4신문화운동' 이전부터 이미 계몽주의 지식인들에 의해 준비되고 있었다. 신문학운동은 1917년 ≪신청년(新青年)≫에 발표되었던 호적(胡适)의 〈문학개량추의(文学改良刍议)〉와 진독수(陈独秀)의 〈문학혁명론(文学革命论)〉이 발단이 되었다. 호적은 같은 해에 편찬된 ≪신청년(新青年)≫ 3권 4호에 백화시(白话诗) 3수(首)를 게재하였고, 연이어 많은 작가들의 글이 연재되었으며,

이러한 신문학운동은 '5·4 신문화운동'의 핵심 내용이 되었다.

사실 '5·4 신문화운동'의 발단은 해외유학파 청년들을 중심으로 진행되었던 전통 봉건문화 비판과 서구문화 수용 운동에서 시작되었다. 외세의 침략으로 날로 몰락해가는 중국에는 정치, 사회, 문화 전반에 걸친 대대적인 개혁이 필요하며, 이를 위해 우선 언어에서부터 문언문(文言文)이 아니라 백화문(白话文)을 사용하여야한다고 그들은 주장하였다.

그리하여 '5·4 신문화운동'이 사회 전반에 대한 개혁운동으로 발전하기 시작하면서 백화문으로 된 신문과 잡지가 봇물이 터져 나오듯이 창간되기에 이르렀다. 문학적 수요는 문학사단의 형성과 그들의 기관지를 통해 해소되었는데, 5·4 신문화운동 시기에 형성된 문학사단으로 '문학연구회(文学研究会)'와 '창조사(文学研究会)'가 가장 유명하다.

문학연구회(文学研究会)는 1920년 11월 북경에서 성립하였으며, 중국현대문학사상 최초의 순수문학단체이다. 발기인으로 정진탁(郑振铎), 엽성도(叶圣陶), 모순(茅盾), 주작인(周作人), 허지산(许地山) 등이 있으며, 이들은 놀이 문화식의 문학적 전통에 반대하고 진지하게 인생을 다루는 문학을 주장하였다. 그리고 서구 문학작품과 문학이론을 중국에 소개하였으며, 중국 독자들의 문학적 능력을 제고하는데 많은 노력을 기울였다. 이들이 활동하였던 주요 잡지는 ≪소설월보(小说月报)≫였으며, 빙심(冰心), 주자청(朱自清), 모순(茅盾) 등이 활발한 작품활동을 전개하였다.

창조사(创造社)는 1921년 상해에서 결성된 문학단체로서 발기인은 곽말약(郭沫若), 성방오(成彷吾), 욱달부(郁达夫), 전한(田汉) 등 일본 유학파가 그 중심을 이루었다. 일본에서 유행하였던 서구의 낭만주의 예술사조에 영향을 받아, '예술을 위한 예술'을 할 것을 주장하였으며, 개인의 개성과 자유 그리고 문학의 아름다움을 중시하였다. 주요 잡지로 ≪창조계간(创造季刊)≫이 있으며, 창조사 작가들이 표현했던 강렬한 낭만주의 정신과 현실에 대한 저항정신은 당시 혼란스러운 시대적 분위기 속에서 방황하던 청년들에게 크게 환영받았다.

3. 혁명문학과 문학의 정치화

'5·4 신문화운동이 전개됨에 따라 중국의 국가개혁은 반제반봉건(反帝反封建)과 밀접한 관련이 있음이 분명하게 드러나게 되었고, 이에 일찍이 반제반봉건을 주장하였던 마르크스의 공산주의 사상이 주목받기 시작하였다. 1920년 중국에 파견되었 코민테른[120]의 밀사 보이틴스키는 이대조(李大钊), 진독수(陈独秀) 등과 만났을 뿐만 아니라 '5·4 신문화운동'에 적극적인 참

120 1919년 모스크바에서 창설된 국제 공산주의운동의 지도조직. 각국의 공산주의 운동을 확산시켜 세계혁명을 실현하고자 하였음

여를 했던 청년 지식인들을 중심으로 조직사업을 시작하였다. 이리하여 1921년 7월 상해에서는 당원 대표 13명이 공산당을 창당하였으며, 국민당 당수 손문(孙文)을 비롯하여 당시 수많은 청년지식인들이 공산당의 이념에 호의적인 태도를 취하였다.

이러한 시대적 배경 아래, 1927년 제3기 창조사(创造社)멤버들은 마르크스주의에 입각한 '혁명문학(革命文学)'을 주장하였다. 1928년, 성방오(成仿吾)는 ≪문화비판(文化批判)≫ 창간호에 <문학혁명에서 혁명문학으로(从文学到革命文学)>란 글을 발표하여 혁명문학의 기치를 내걸었다. 그리고 같은 해, 장광자(蒋光慈), 전행촌(钱杏邨) 등 소련 유학파를 중심으로 '태양사(太阳社)'가 창단되었는데, 이들은 "문학은 반드시 혁명적 내용을 담아야 된다"고 주장한 창조사(创造社)의 주장을 넘어 "문학은 혁명의 수단이 되어야 한다"는 좀 더 과격한 주장을 내세웠다. 그런데 창조사(创造社)와 태양사(太阳社)는 모두 같은 혁명문학의 기치를 내걸고 있었지만, 급진적 젊은이들의 주도권 싸움으로 단합하지 못하였으며, 심지어 모순(茅盾)이나 노신(鲁迅) 등과 같은 진보적 원로 지식인을 공격하기도 하였다.

한편, 1927년 군사정변을 일으켜 국민당을 장악한 장개석(蒋介石)은 혁명을 기치로 내건 공산당과 진보적 문인들을 탄압하기 시작하였다. 그러자 국민당의 탄압을 당하던 많은 문인들은 당시 치외법권 지역이었던 상해(上海)로 모여들기 시작했다. 그 중 풍설봉(冯雪峰)을 중심으로 한 좌익작가들이 단합하여,

1930년 3월 노신(鲁迅)을 대표로 하는 '중국좌익작가연맹(中国左翼作家联盟)'을 결성하였다.

중국좌익작가연맹(中国左翼作家联盟)은 수세에 몰린 혁명역량을 회복하고, 국민당의 탄압에 효율적으로 대처하기 위한 다양한 활동을 펼쳤다. 예를 들어, 국민을 계몽하고 지지를 얻어내는데 장애가 되었던 문맹률을 낮추기 위해 노력하였으며, 더욱더 많은 사람이 문학작품을 향유할 수 있도록 문예대중화논쟁(文艺大众化论争)을 이끌어 나갔다. 하지만 그들이 주장했던 '문예대중화'는 가시적인 결과물을 내놓지 못하고, 이론적 차원의 논쟁에 그치고 말았다. 오히려 이 시기 문학을 대표하는 ≪가(家)≫나 ≪낙타상자(骆驼祥子)≫, ≪변성(边城)≫ 등을 지은 파금(巴金), 노사(老舍), 심종문(沈从文) 등은 좌익작가연맹과 거리를 두고 있었던 작가들이었다. 하지만 좌익작가연맹의 꾸준한 활동은 향후 전개된 민족형식 문제, 사회주의적 현실주의 창작방법 문제 등과 관련된 논쟁에 깊은 영향을 끼쳤으며, 중국문학의 전개 방향을 결정하는 중요한 역할을 하였다.

4. 항전문학과 연안문예강화

북벌전쟁(北伐战争)에 성공하여 군벌(军阀)을 제압한 장개석은 경제봉쇄와 더불어 군사작전을 통한 공산당 소탕 작전을 벌이게 된다. 미국의 군사적 원조를 받은 국민당의 소탕 작전에 견디지 못한 공산당 세력은 결국 1934년 연안대장정(延安大长征)이라 불리는 피난길에 오르게 된다. 10만의 홍군(红军)은 국민당의 추격을 따돌리며 대략 1년의 기간에 약 2만 5천리(1만 2500킬로미터)를 이동하여 서북부 지역 연안(延安)에 근거지를 마련하였다.

사실 대장정은 홍군의 10분의 1만이 겨우 연안(延安)에 도착한 명백한 군사적 패퇴였다. 그러나 역사는 여전히 '대장정(大长征)'이라고 부르고 있다. 왜냐하면 대장정은 군사적으로는 패퇴였으나 정치적으로는 대성공을 거두었기 때문이었다. 공산당은 중국 서남부와 서북부 사이를 남하(南下)와 북상(北上)을 거듭하면서 농촌 곳곳에 혁명의 불씨를 심어놓았으며, 공산당은 토지가 없거나 아주 적은 농민들에게 토지개혁을 약속하면서 당시 국가 구성원의 대다수를 차지하고 있었던 농민의 적극적인 호응을 이끌어낼 수 있었다. 뿐만 아니라, 홍군(红军)은 도망가면서도 '북상하여 일본과 싸운다'는 명분을 내세움으로써, 항일(抗日)에 소극적이었던 국민당을 비판하고 정치적 정당성까지 획득할 수 있었다.

대장정 이후 공산당은 연안(延安)을 근거지로 삼아 중국 서북부 지역에 공산당 통치구역을 확보하였다. 1937년 중일전쟁을 일으킨 일본이 동북부와 해안지역을 점령하게 되자, 국민당은 서남부로 피난을 가서 정착하게 된다. 이때부터 중국은 국민당 통치구역, 공산당 통치구역, 일본 점령지역으로 세 개의 통치지역으로 나누어진다.

일본의 중국침략이 강화되면서, 공산당과 국민당은 일본에 맞서기 위해 1937년 제2차 국공합작(国共合作)을 하게 된다. 이때 문예계에서도 1938년에 좌파와 우파가 함께 하는 '중화전국문예계항적협회(中华全国文艺界抗敌协会)'가 결성된다. 하지만 1941년에 일어난 환남사변(皖南事变)으로 국공합작(国共合作)이 결렬되면서 문협(文协)도 해산을 하게 된다.

대장정 이후, 공산당은 토지혁명을 통하여 광대한 농민세력을 흡수하고, 국민당 및 일본의 위협과 공산당 통치구역 내의 내부모순을 단속하기 위해서 강력한 공산주의운동을 전개하였는데, 그 대표적인 것이 바로 1942년에 일어난 연안(延安) 정풍운동(整风运动)이다. 정풍운동(整风运动)이란 풍속, 습관 분위기를 정돈하고 바꾼다는 의미인데, 공산당 내에 만연한 주관주의(主观主义), 파벌주의(派阀主义), 형식주의(形式主义)를 반대하는 운동이었다.

이러한 정풍운동의 일환으로 공산당 지도부는 1942년 5월 연안문예좌담회(延安文艺座谈会)를 개최하였고, 당시 주석이었던 모택동(毛泽东)은 소위 <연안문예강화(延安文艺讲话)>를 발표하였다. <연안문예강화(延安文艺讲话)>의 주요 내용으로는 '문학은 인민 대중, 노동자, 농민, 병사를 위해 봉사해야 한다.', '지식인 문인들은 노동자와 농민의 문맹 퇴치에 노력해야 한다.', '문학은 정치적 목표에 따라야 한다.' 등이었는데, 모두 문예의 독자성과 예술성을 정치적 목표 아래에 두고자 했음을 알 수 있다. 이러한 정치우위의 문학관은 많은 문제점을 드러내고 있었지만, 사회주의 정권이 들어선 후에는 1980년대까지 중국의 유일한 문예이론으로 자리 잡게 된다. 그 결과 문학이 정치적 목적의 수단으로 전락해버림으로써 1980년대까지 중국의 문학은 침체기에 접어들게 되었다.

1937년 중일전쟁이 발발한 이후부터 1949년 중화인민공화국이 성립하기까지는 '전쟁'이라는 비상시국과 연결되었기 때문에 문학작품의 창작은 상대적으로 적었다. 老舍의 ≪사세동당(四世同堂)≫이나 정령(丁玲)의 ≪태양은 상건하를 비추고(太阳照在桑乾河上)≫ 조수리(赵树理)의 〈소이흑의 결혼(小二黑的結婚)〉, 집체창작 가극 ≪白毛女≫ 정도가 이 시기 문학을 대표하고 있다.

참고서목

贾彦德 编著 ≪汉语语义学≫, 北京大学出版社, 1999年

김영구, 김시준 공저, ≪중국현대문학론≫, 한국방송대학교 출판부, 2002년

김장환 엮음 ≪중국문학입문≫, 학고방, 2002년

김학주, ≪중국문학사≫, 신아사, 1989년

노신 저, 루쉰전집번역위원회 역, ≪중국소설사략≫, 그린비, 2015

陆善采 著 ≪实用汉语语义学≫, 学林出版社, 1993年

马燕华, 庄莹 편저, 이재욱 번역, ≪북경대 유의어 비교사전≫, 시사에듀케이션, 2006년

濮之珍, ≪中国语言学史≫, 书林, 中华民国 79年(1990년)

빙심, 동내빈 외 저, 김태만, 하영삼 외 역, ≪그림으로 읽는 중국문학 오천년≫, 예담, 2000년

施云山 编 ≪声韵学≫, 华联出版社, 中华民国 61年(1972년)

오시마 쇼지 지음, 장원철 옮김 ≪한자에 도전한 중국≫, 산처럼, 2002년

王力 著 ≪王力文集≫제3권, 山东教育出版社, 1985年

章培恒 主编, ≪中国文学史≫, 复旦大学出版社, 1996年

张和生 主编, ≪汉语可以这样教-语言要素篇≫, 商务印书馆, 2008年

钱理群、温儒敏、吴福辉, ≪中国现代文学三十年≫, 北京大学出版社, 1999年

周大璞 지음, 정명수·장동우 옮김 ≪훈고학의 이해≫, 동과서, 1997년

中华函授学校编, ≪语文学习讲座丛书(1)-语文学习的基础≫, 商务印书馆, 1981년

지영재 편역, ≪중국시가선≫, 을유문화사, 1989년

탕누어 지음, 김대영 옮김 ≪한자의 탄생≫, 김영사, 2015년

김정필

경상대학교 중어중문학과 교수. 부산대 중문과를 졸업하고, 국립대만정치대 석사를 거쳐 경북대에서 박사학위를 받았다. 중국어 어법이론을 전공하였으며, 현재는 유의어의 의미차이와 어휘의 문화적 표현양상에 관한 연구를 주로 하고 있다. 주요 논저로는 ≪뉴 스타트 캠퍼스 중국어 1, 2≫(공저), ≪중국의 언어와 문화≫, <문두성분의 주관성 분석과 화제화-화제연구의 새로운 방법론 탐색>, <중국어 심리동사의 양면성>, <주관성 표현의 형식에 관한 연구>, <중국어 능원동사의 인지과정분석>, <수(数)범주 유의어의 이항대립과 형태소 분석>, <유의한자어의 어순구조와 동의성 비교분석>, <중국어 개사의 도식화 분석> 등이 있다.

안승웅(安承雄)

부경대학교 중국학과 외래강사. 부산대학 중문과 학사과정과 석사과정을 졸업하고, 上海復旦大學에서 《沈從文小說研究》로 박사학위를 취득하였다. 역서로는 ≪바다가 어떻게 문화가 되는가≫(공역), ≪서유기 81난 연구≫(공역) 등이 있으며, 저서로는 ≪쉽게 이해하는 중국문화≫(공저), ≪시진핑 시대, 중국 종교정책과 신종교사무조례≫(공저) 등이 있다. 주요 논문으로 <沈從文과 青島의 해양문화>, <무협영화로 '동사서독'읽기-강호를 벗어난 협의 사랑과 고독>, <반부패소설 ≪창랑지수≫를 통해 본 중국과 중국 지식인>, <沈從文 소설에 나타난 죽음의 의미>, <沈從文 소설의 화자 연구> 등이 있다.

중국의 언어와 문학

초판 1쇄 발행 _ 2020년 3월 14일

공　저 · 김정필 · 안승웅
발행인 · 정 현 걸
발　행 · 신 아 사
인　쇄 · 대명프린팅
주　소 · 서울특별시 은평구 통일로 59길 4 (2F)
전　화 · (02) 382-6411　팩스 · (02) 382-6401
홈페이지 · www.shinasa.co.kr
E-mail · shinasa@daum.net
출판등록 · 1956년 1월 5일 (제 9-52호)

ISBN 978-89-8396-389-5 (93720)
저자와의 협의로 인지를 생략합니다.

정가 14,000 원